L'ALLEMAGNE

VUE PAR LES SUISSES ALLEMANDS

D1425570

COLLECTION LE SAVOIR SUISSE

Cette collection a pour premier objectif d'offrir aux communautés universitaires de Suisse et à leurs instituts spécialisés un moyen de communiquer leurs recherches en langue française, et de les mettre à la portée d'un public élargi. Elle publie également des études d'intérêt général ainsi que des travaux de chercheurs indépendants, les résultats d'enquêtes des médias et une série d'ouvrages d'opinion.

Elle s'assure de la fiabilité de ces ouvrages en recourant à un réseau d'experts scientifiques. Elle vise la lisibilité, évitant une langue d'initiés. Un site web (www.lesavoirsuisse.ch) complète le projet éditorial et offre un index général pour l'ensemble de la collection. Celle-ci représente, dans une Suisse en quête de sa destinée au 21e siècle, une source de savoir régulièrement enrichie et elle contribue à nourrir le débat public de données sûres, en situant l'évolution de nos connaissances dans le contexte européen et international.

La *Collection Le savoir suisse* est publiée sous la direction d'un Comité d'édition qui comprend : Jean-Christophe Aeschlimann, rédacteur en chef de «Coopération», Bâle ; Stéphanie Cudré-Mauroux, licenciée ès lettres, conservatrice aux Archives littéraires suisses, Berne ; Bertil Galland, président du comité, journaliste et éditeur ; Nicolas Henchoz, journaliste, adjoint du président de l'EPFL ; Véronique Jost Gara, chef de projets au Fonds national suisse et à la Faculté de biologie et de médecine, UNIL ; Peter Kraut, attaché scientifique à la direction de la Haute Ecole des Arts, Berne ; Jean-Philippe Leresche, professeur et directeur de l'Observatoire Science, Politique, Société, UNIL. Membres fondateurs : Robert Ayrton, politologue ; Anne-Catherine Lyon, conseillère d'Etat (Vaud).

La publication des volumes de la *Collection* est soutenue à ce jour par les institutions suivantes :

FONDATION CHARLES VEILLON – LOTERIE ROMANDE – FONDATION PITTET DE LA SOCIÉTÉ ACADÉMIQUE VAUDOISE – UNIVERSITÉ DE LAUSANNE – FONDS NATIONAL SUISSE DE LA RECHERCHE SCIENTIFIQUE.

La traduction en français de cet ouvrage a bénéficié en particulier du soutien de PRO HELVETIA, FONDATION SUISSE POUR LA CULTURE.

L'Association «Collection Le savoir suisse» et l'éditeur tiennent ici à les en remercier.

Jürg Altwegg, Roger de Weck

L'ALLEMAGNE

VUE PAR LES SUISSES ALLEMANDS

avec

Markus Kutter, Peter Bichsel, Adolf Muschg,
Hugo Loetscher, Hansmartin Schmid,
Bruno Schoch, Jean Ziegler

Traduit de l'allemand par Etienne Barilier

Presses polytechniques et universitaires romandes

Titre original :
Kuhschweizer und Sauschwaben – Schweizer, Deutsche und ihre Hassliebe
Edition originale en langue allemande
© 2003 Nagel & Kimche im Carl Hauser Verlag, Munich, Vienne

Secrétariat de la Collection : *Christian Pellet*
Graphisme de couverture : *Emmanuelle Ayrton*
Illustrations de couverture : *« Portrait de West-West » (détail),*
    huile sur panneau toilé, 2002, Stéphane Fretz
Maquette intérieure : *Allen Kilner, Oppens*
Mise en page et réalisation : *Alexandre Pasche*
Impression : *Imprimeries Réunies Lausanne s.a., Renens*

La *Collection Le savoir suisse* est une publication des Presses polytechniques et
universitaires romandes, fondation scientifique dont le but est principalement la
diffusion des travaux de l'Ecole polytechnique fédérale de Lausanne et d'autres
universités francophones. Le catalogue général peut être obtenu aux PPUR,
EPFL – Centre Midi, CH-1015 Lausanne, par e-mail à ppur@epfl.ch, par téléphone au (0)21 693 41 40 ou encore par fax au (0)21 693 40 27.

www.ppur.org

Première édition en langue française
© 2006, Presses polytechniques et universitaires romandes, Lausanne
ISBN 2-88074-684-1

TABLE DES MATIÈRES

« *La relation entre les Suisses et les Allemands est singulière et contradictoire. Signalons un fait frappant entre tous : c'est au moment de la dispute entre Luther et Zwingli, à propos de la Cène, que deux peuples qui parlent la même langue ont eu l'impression qu'ils ne parlaient pas la même langue. Dès lors, l'accord entre la Réforme zurichoise et la Réformation genevoise de Calvin devint possible. La Confession d'Augsbourg là-bas – la Confession helvétique ici : c'est plus qu'un symbole, c'est un tournant historique ; la Suisse romande et la Suisse alémanique se rapprochèrent spirituellement, tandis que la Suisse allemande et la manière allemande de penser s'éloignèrent davantage l'une de l'autre.* »

Jean-Rodolphe de Salis

« *Ce que je cherche en Allemagne : ce qui m'est familier, dans un espace agrandi. Les proportions, en tous domaines, se reflètent toujours dans l'humain. Beaucoup, ici, se rengorgent plus que de raison, et se croient grands parce que leur nombre est grand, ce dont pourraient aussi se prévaloir les moutons et les pucerons ; cependant, lorsqu'on rencontre une véritable personnalité, elle est plus libre que dans un petit pays ; elle n'est pas raccourcie, mutilée, inhibée ; à situation égale, elle est le plus souvent mieux épanouie ; partout on sent l'espace, y compris pour la joie.* »

Max Frisch

NOTE DES ÉDITEURS

Dans la tradition de la tribune libre, la *Collection Le savoir suisse* consacre les ouvrages de la série «Opinion» à l'expression de vues personnelles et les positions prises sont celles des auteurs invités.

1

LE VOISIN DU NORD

Jürg Altwegg

L'hostilité helvétique à l'égard de l'Allemagne n'a pas commencé avec Hitler. Mais avant la fondation du Reich en 1871, nos relations avec le voisin du Nord avaient été plus simples. Manifestement, les émigrés politiques du 19e siècle étaient bien moins affectés par « l'irritation et la méfiance anti-allemandes » qu'une Ricarda Huch, qui vécut en Suisse à partir de 1938. Bien sûr, on était contre les nazis, mais les Allemands qui, opposants ou effrayés, s'étaient exilés en Suisse, on les considérait comme des étrangers et des concurrents, non comme des alliés partageant une culture commune, et qu'il s'agissait de défendre contre la barbarie.

L'« opération Tannenbaum » n'eut pas lieu, la Suisse ne fut pas occupée. Le ressentiment anti-allemand, après 1945, fut plus diffus chez nous que dans des pays comme la France, où le « boche » devint un repoussoir classique du cinéma et de la littérature, sous les traits du butor ou du salaud. Une telle hystérie n'était pas tout à fait incompréhensible. Mais la Suisse politique et culturelle, dans l'immédiat après-guerre, ne connut pour ainsi dire rien de comparable. Frisch et Dürrenmatt ne rêvaient pas d'accabler l'Allemagne sous le poids d'une faute collective. Nos écrivains souffraient plus de l'étroitesse suisse que du passé allemand – et en cas de doute, beaucoup prenaient simplement le parti de la RDA. Il n'y avait pas eu de véritable guerre, et l'on pouvait donc tout bonnement s'épargner la réconciliation. La Confédération fut pionnière dans l'établissement de relations normalisées avec l'Allemagne, par exemple en organisant des compétitions sportives. Et précisément, lors du championnat du monde de football en Suisse, en 1954, ce furent les Allemands qui gagnèrent la finale et remportèrent leur premier titre. Plutôt que l'issue du tournoi, la présence allemande à ces championnats fut interprétée, par le grand politologue français Raymond Aron, comme le retour de l'Allemagne dans la communauté des peuples civilisés. Dans les livres consacrés au football, on ne mentionne pas, à cette occasion, de manifestations anti-allemandes en Suisse.

La réconciliation entre la France et l'Allemagne fut une entreprise de grande portée historique, et qui a fait date. Elle fut le moteur de l'Union européenne, dont la Suisse demeura absente. L'agenouillement de Willy Brandt au ghetto de Varsovie transforma l'image que le monde se faisait de l'Allemagne, moins effrayante désormais. En 1972, Gustav Heinemann, président de la République fédérale – encore un symbole de la culture démocratique établie dans ce pays – fit une visite officielle en Suisse. Ce qui inspira ce commentaire à la NZZ: «Les relations sont étroites (…), mais s'il y a cordialité, ce n'est guère que sur le plan des contacts personnels.» Jean-Rodolphe de Salis constata que «les Suisses alémaniques, face au phénomène allemand, éprouvent un certain embarras».

Dans le contexte du terrorisme, l'image du *ugly german* fit retour dans les fantasmes. Pas tellement à propos de Baader et Meinhof, dont la «résistance», par la suite, n'alla pas sans fasciner, y compris chez nous. Mais on se polarisa plutôt sur les «interdictions professionnelles», qui témoignaient de la fragilité de la jeune démocratie allemande. L'opinion publique occidentale réagit de manière considérablement plus irritée, une décennie plus tard, aux manifestations pacifistes et massives contre le réarmement. Pour l'Allemagne qui voulait surmonter son passé, le mouvement pour la paix représentait un pas supplémentaire dans ce sens. «Voilà quelques décennies», commenta Hans O. Staub dans la *Weltwoche*, «nous étions désespérés par le vieux nationalisme agressif du "peuple sans espace vital"; aujourd'hui, nous nous croyons obligés de redouter le nouveau nationalisme allemand, qui, avec le slogan "sans nous", dégénérerait en un neutralisme très dangereux, et pourrait ébranler tout notre monde occidental».

Pour Staub, les nouvelles «incertitudes allemandes» (en français dans le texte) étaient l'occasion d'un inventaire. «Autant qu'on puisse qualifier notre état d'âme, il y a décidément malaise. A cause d'un sentiment d'infériorité inavoué, celui du petit Etat vis-à-vis du grand frère ; notre rapport avec le voisin du nord est difficile. A l'origine, la manie allemande d'annexer consciemment ou non, à titre de petit appendice, tout ce qui parle allemand – y compris, donc, la province helvétique. Le poète "allemand" Hermann Hesse, omniprésent dans les mass media de la République fédérale, suscite chez nous la même allergie que l'allusion, dont l'humour est toujours terriblement douloureux, au "Fränkli" (petit franc), un franc fort peut-être, mais qui ne mérite que le diminutif.» *Grützi*.

Staub estimait que nous n'avions pas «surmonté» notre voisinage avec l'Allemagne. «A quoi cela tient-il ? Aux seuls Allemands, une fois de plus ? Ou bien à nous-mêmes ? Aux clichés invétérés ? Est-ce parce que nous avons échappé sans dommage à la menace national-socialiste ? Pour cette raison même notre rejet n'a jamais été vécu jusqu'au bout, et cela continue de nous ronger.» Hans O. Staub, fort critique à l'égard de ses compatriotes, concluait : «Seigneur, je te remercie de n'être pas comme ceux-là.» Il citait Peter Bichsel : «Nous nous réjouissons de la différence des Américains, des Français – la différence des Allemands est et demeure à nos yeux un scandale.»

Avec les Arabes et les Russes, les Allemands ont remporté le titre de peuple le plus mal aimé de la terre, si l'on en croit les réponses à une question posée aux jeunes gens lors de leur recrutement dans l'armée. Sans doute les responsables pensèrent-ils que dans l'esprit de la défense spirituelle du pays et de la conduite psychologique de la guerre, il serait utile de savoir contre quel ennemi nos futurs soldats s'engageraient de préférence.

Sur le terrain de football, les chances des Suisses contre les Allemands étaient à peu près nulles. Or les Allemands sont précisément devenus champions du monde chez nous. Dès lors, chaque fois qu'une équipe, quelle qu'elle fût, battait leur voisin du nord, les Confédérés jubilaient en chœur. Le «barrissement des Hurons helvétiques» (Staub) après la finale du championnat du monde de 1982 saluait «moins la victoire italienne que la défaite de la République fédérale». «L'Allemagne championne du monde, pour la Suisse, c'est impensable», commentait un de nos journaux.

Le ton fut encore plus effronté quatre ans plus tard: «Dieu merci, c'est l'Argentine qui est championne du monde», titrait en première page la très sérieuse *Weltwoche*. La manchette est entrée dans l'histoire de la presse suisse. Non seulement le distingué journal restituait exactement l'état d'esprit général, mais en outre il joignait sa propre voix à la clameur collective. Sous-titre: «Pourquoi les Suisses applaudissent si chaleureusement la défaite de leur voisin dans la finale du championnat du monde». Dans un café zurichois, Hanspeter Born rapporta qu'«on avait bu pour 1500 francs de champagne en l'honneur de la victoire des Argentins». L'auteur citait un «confrère»: «Si les autres avaient gagné, l'Europe de l'ouest ne l'aurait pas supporté.» Puis il rapporta ce mot du chef d'orchestre Armin Jordan: «J'ai toujours exécré cette équipe. Ils pratiquent un jeu sans aucune imagination; la volonté de vaincre à tout prix prend le pas sur le plaisir de jouer. De toute manière, je n'aime pas l'Allemagne.» L'auteur n'avait plus qu'à rétablir les justes proportions historiques: «Oui, et quand un reporter de la télévision allemande fanfaronne en disant que l'équipe allemande, sur le plan de la diététique scientifique, a "des années d'avance" sur les autres équipes, je ne peux m'empêcher de penser d'abord à ce Français, ancien champion du monde de course à pied: je boirai du lait, disait-il, le jour où les vaches "mangeront des raisins"; ensuite – désolé – je pense au Reichsführer Himmler, qui fortifiait ses héros par des petits-déjeuners où le porridge et l'eau minérale étaient obligatoires.»

La page de titre du *Schweizer Illustrierte* portait ces mots: «Haïssons-nous vraiment les Allemands?» Le jour de la finale, le journaliste Stephan Bosch avait rencontré l'écrivain Jürg Federspiel. Celui-ci lui jeta un regard sombre: «Je crains que les Souabes ne soient vainqueurs ce soir.» Mais «Dieu merci», il en fut autrement. Bosch eut tout de même une pensée de compassion pour les quatre-vingt mille Allemands qui «vivent dans notre pays et qui, durant cette nuit de la finale, ont dû se sentir cernés par les Huns».

Nous les haïssons, ils nous aiment – mais c'est précisément leur amitié qui nous les rend insupportables. «Les Suisses ont de la peine avec les Allemands, parce qu'ils leur ressemblent tellement»: le cabarettiste Dieter Hildebrand minimise la brouille. Il décrit les Suisses comme les «Prussiens du sud». Wolfram Knorr, lui, s'est penché sur leur popularité dans le «grand canton», lorsqu'Emil et Kurt Felix triomphaient dans une Allemagne qui n'était pas encore réunifiée: «Pour les Allemands, la Suisse est un paysage de jardins, un joli petit nid, comme le fut jadis Weimar – d'où, après tout, Faust est originaire. (…) La Suisse fascine l'Allemand, parce qu'il peut s'en faire une image irrationnelle, un mystère et un mythe; là-bas, rien dont il faille rendre raison, pas de Jugement dernier; c'est un monde pur, qui échappe à toute interrogation. L'Allemand envie le Suisse, parce qu'il n'a pas à porter le fardeau des possibles.» La Suisse, ou le paradis perdu des Allemands, qui y trouvent ce qu'ils n'ont plus le droit d'être eux-mêmes. Ils aspirent à l'innocence helvétique. Là-bas, on peut s'isoler du monde, là-bas tout est petit, tout peut être embrassé, mesuré du regard. C'est la province. Les montagnes et le secret bancaire. Le franc suisse, promesse de guérison, contre ce qui est peut-être le plus grand traumatisme allemand: l'inflation et la catastrophe monétaire.

Comme, «Dieu merci», les Argentins sont devenus champions du monde, l'idée que les Suisses se sont faite d'eux-mêmes à l'issue de la Seconde Guerre mondiale est restée intacte, et l'image qu'ils se font des Allemands, avec l'éloignement croissant de la guerre, est devenue, elle, de plus en plus grotesque. En 1986, les Suisses ont refusé, avec une majorité de 75 pour cent, l'entrée dans l'ONU. Le choc décisif est venu trois ans plus tard: lorsqu'à Berlin le Mur est tombé, plus d'un million de Suisses votèrent la suppression de leur armée – le pays avait été le seul au monde à célébrer le commencement de la Seconde Guerre mondiale. L'idée d'une initiative pour l'abolition de l'armée procédait de l'esprit du pacifisme allemand. Le résultat de la votation ébranla le mythe helvétique et inaugura une décennie durant laquelle la Suisse connut plus de changements qu'entre 1945 et 1989.

En 1992, lors de la votation sur l'éventuelle adhésion de la Suisse à l'Espace Economique Européen (EEE), Christoph Blocher excita le peuple avec un slogan affirmant qu'il s'agissait d'une bataille entre « compromission et résistance » – comme si la Suisse était toujours encerclée par les nazis. La peur d'un « Reich » et la fixation sur l'idéologie du « réduit national » freinèrent tout rapprochement avec l'Europe.

Le travail de réévaluation du passé ne se produisit que sous la pression de l'extérieur, lorsque les Juifs américains exigèrent le règlement des comptes ouverts à leurs noms. Alors la vérité se fit jour – en Allemagne, il est possible qu'ici ou là ces révélations aient suscité quelque *Schadenfreude* – mais en tout cas elle resta discrète. Néanmoins la Suisse en fut secouée, et les changements, dans les têtes, se traduisirent par l'adhésion de 2002 à l'ONU : ce vote marque un retour dans l'Histoire, dont la Suisse, épargnée par les deux guerres mondiales, avait pris congé. Purifié, guéri de ses névroses, c'est presque dans l'indifférence que le pays célébra l'Expo 02. Cette manifestation attira peu de visiteurs allemands, mais beaucoup de louanges allemandes. L'historien Hans-Ulrich Wehler la décrivit comme « un plaidoyer aussi subtil que réussi pour la modernité politique de la Suisse » ; il la mettait en rapport avec les années où la Suisse débattait de son passé. Wehler, qui a travaillé à bâtir en Allemagne une politique culturelle post-nazie, parla d'un « processus salutaire », qui avait conduit « à la fin de l'autodivinisation et de l'autojustification ».

Ce processus a-t-il également infléchi, en proportion, l'image qu'on se fait de l'Allemagne ? En juin 2002, Sigmund Widmer, l'un des critiques les plus virulents de la réévaluation du passé suisse (et de la commission Bergier) écrivit que « l'attitude défensive de l'époque s'est si bien installée dans l'âme de la Suisse qu'aujourd'hui encore elle peut se réveiller à la moin-

dre occasion ». Des occasions, il y en eut plusieurs ces tout
derniers temps : l'Allemagne a pris d'elle-même une conscience
nouvelle – y compris lorsqu'il s'agit de ses rapports avec la
Suisse. Les débats sur les nuisances sonores des avions et sur le
secret bancaire ont été rudes. Les négociations entre Ringier et
Springer, comme le dernier championnat du monde de football,
furent des révélateurs de la relation entre les deux pays. Les
conflits ont réveillé les préjugés, mais après la victoire des
Brésiliens, lors de la finale de 2002, les hurlements de joie ont
été plus tempérés. Sigmund Widmer a fait de ce phénomène le
point de départ de ses réflexions : « Certainement, nous ne
sommes pas près de voir dans l'Allemagne d'aujourd'hui une
menace militaire – mais qui sait ce que nous réserve un avenir
plus éloigné. »

A cette variante de la relation Suisse-Allemagne, aucun des
auteurs présents dans ce livre ne semble songer, ni de près ni de
loin. Notons que le football est thématisé dans beaucoup de leurs
contributions. C'est vraiment lui, d'ailleurs, qui fut à l'origine
de ce livre. Durant les championnats du monde de 2002, mon
travail sur l'ouvrage *Une Suisse en crise* me conduisit à
plusieurs reprises en Suisse allemande. Dans différents endroits,
j'en ai fait l'expérience : toutes les minorités célébraient avec
enthousiasme les victoires de leur patrie d'origine. Les Italiens,
les Turcs, les Portugais, et jusqu'aux Coréens. Ils sillonnaient la
ville avec des voitures klaxonnantes et des drapeaux déployés.
Seuls les Allemands s'en abstenaient. Ils osaient à peine se
risquer dans la rue – alors que chez eux, ils manifestent autant de
tempérament que les méridionaux. C'est l'observation d'un tel
phénomène qui m'a poussé à tenter ce bilan.

Le livre a paru en 2003, avec un titre volontairement provo-
cateur : *Kuhschweizer und Sauschwaben* (« Vaches de Suisses et
cochons de Souabes », allusion à des insultes qu'on se lançait
jadis par-dessus le Rhin). Il fut à l'origine de débats fort inten-
ses. L'ouvrage en est maintenant à sa sixième édition. Ceux qui
l'achètent, ou à qui on l'offre, ce sont surtout les Allemands qui
viennent en Suisse : il s'agit en somme de les mettre dans l'ambiance de ce qui les attend ici. Ces Allemands-là sont toujours

plus nombreux. Désormais, ils forment de loin le plus important contingent étranger dans notre pays – et la tendance est à la hausse. Sans doute, l'image de l'Allemagne, près de deux décennies après la chute du Mur de Berlin, a fini par se modifier. Mais les tensions vont croissant. Les nombreux Allemands de Suisse, qui font clairement partie de l'élite, occupent des places éminentes ; et dans le monde académique par exemple, ce sont eux qui à beaucoup d'égards donnent le ton. Leur ton, le ton allemand, que des oreilles suisses allemandes peuvent percevoir comme très agressif. Il y a là sujet de vive tension, pour ne pas dire de lourde pression. Je l'ai vécu dans de nombreux cas : des amis ou des connaissances se cherchaient un emploi, parce qu'on leur avait fourgué des supérieurs allemands, et qu'avec la meilleure volonté du monde ils ne voyaient aucune possibilité de collaborer avec eux.

D'un autre côté, lors de discussions suscitées par ce livre, plus d'un Allemand a témoigné de l'accueil hostile qu'il avait reçu chez nous. Et raconté que ses enfants, après des défaites de l'Allemagne, avaient été asticotés dans les matchs de football entre élèves. Parfois, la question des relations entre la Suisse romande et la France fut également soulevée. Là aussi, il s'agit d'un vaste et inépuisable sujet – mais on ne pourrait pas écrire sur ce thème un livre comme celui-ci. Les Suisses romands, en 1998, se sont réjouis comme tout le monde du triomphe de la France « multiculturelle », la France de Zinedine Zidane. Ils ont célébré ce triomphe de bon cœur. Les matchs de qualification contre la France, pour le championnat du monde de 2006, ont montré d'autre part qu'entre-temps le football est devenu l'un des plus moyens les plus efficaces de resserrer le lien confédéral, beaucoup plus que l'armée. A Berne, dans le Stade de Suisse, en octobre 2005, il n'y avait pas de « barrière de röstis ». C'est une satisfaction singulière que l'ouvrage sur les « vaches de Suisses » et les « cochons de Souabes » paraisse en français précisément l'année d'un championnat du monde pour lequel la Suisse a pu se qualifier pour la première fois depuis 1994, et qui de surcroît se déroule en Allemagne. Pour des raisons de place, nous avons dû renoncer aux nombreuses contributions d'auteurs allemands. Nous nous sommes concentrés, de manière tout à fait délibérée, sur les textes écrits par des Suisses alémaniques. Cependant, l'ouvrage n'en est absolument pas devenu plus unilatéral – les éditeurs n'ont pas réussi à dénicher un compatriote qui aurait donné libre cours, en toute authenticité, à sa haine des Allemands.

Chacun des auteurs éclaire, selon des perspectives thématique et politiques différentes, les relations entre les «vaches de Suisses» et les «cochons de Souabes». Ils le font sans œillères, au-delà des clichés. Ils ont une vue large et jettent un regard averti sur les différents aspects du problème. Ils décrivent des relations et des tensions dans lesquelles ils vivent, et dont parfois ils souffrent. Ils en sont les spectateurs engagés : aucun d'entre eux n'est indifférent. Chacun d'eux considère son texte comme une contribution à la relation entre deux peuples peu commodes et deux nations fort différentes. Pour eux tous, un tel voisinage doit être maîtrisé, mais il est source de richesse.

2

SUISSES ET ALLEMANDS : DES GENS DIFFÉRENTS – MAIS EN QUOI ?

Markus Kutter

L'Allemagne est grande, la Suisse est petite. Le grand abaisse ses regards sur le petit, le petit lève les yeux vers le grand. C'est un peu la même chose avec le fort et le faible, le puissant et le sans-pouvoir, l'important et le pas-si-important-que-ça (eh oui !). Demandez donc à un Suisse ou à une Suissesse s'ils ont des problèmes avec la principauté du Liechtenstein…

Bon, le rapport entre la principauté du Liechtenstein et la Suisse est disproportionné, de 1 à 200 si l'on considère le nombre d'habitants. La relation Allemagne-Suisse est beaucoup plus équilibrée. Pour le nombre d'habitants, la proportion est à peu près de 12 à 1, et pour le territoire, de 9 à 1. Si les Suisses pouvaient aplatir leurs montagnes au fer à repasser, cette relation deviendrait encore un peu plus favorable ; mais d'un autre côté, la question reste ouverte de savoir quelle portion de la mer du Nord et de la mer Baltique il faudrait ajouter à l'Allemagne.

Quoi qu'il en soit, l'Allemagne est beaucoup plus grande, plus puissante, plus importante, etc., que la Suisse. Cela crée une rivalité asymétrique, comme entre la Russie et la Finlande. Entre la Belgique et la Hollande en revanche, la rivalité est en quelque sorte équilibrée. Les Suisses connaissent aussi quelque chose de ce genre : leur rivalité avec l'Autriche, par exemple, qu'ils considèrent comme symétrique, étant entendu que la partie suisse compte un certain nombre de supériorités incontestées. Avec les Allemands, c'est un autre problème, un problème qui relève peu ou prou de la psychologie des peuples.

Voilà déjà la première pierre d'achoppement : est-ce que les Suisses sont un peuple au sens où les Allemands le sont – ou considèrent qu'ils le sont devenus ? En Allemagne, les gens parlent en général allemand, ou devraient le parler. Le sorabe n'est pas censé apparaître dans le bilan final. En revanche, les Suisses parlent allemand ou français ou italien, et, avec les rhétoromans, ils ont encore une minorité supplémentaire, assimilable aux Sorabes chez les Allemands. Est-ce qu'un peuple trilingue ou quadrilingue est encore un peuple ? Car il n'est pas vrai que les Suisses, individuellement, soient trilingues ou quadrilingues ; tout au plus maîtrisent-ils une deuxième langue nationale. (Ces considérations font abstraction des gens qui, en Suisse et en Allemagne, ont pour première langue le turc, l'albanais, le serbe, etc.)

S'il est question, en Suisse, de peuple suisse, l'expression n'a pas de sens ethnique ou racial, mais une signification politique. C'est une façon de décrire le souverain, à qui appartient en dernier ressort la décision politique. Par exemple sur la question de savoir s'il faut, oui ou non, supprimer l'armée (le peuple a répondu non). Ou s'il faut réduire la durée légale du travail à moins de 42 heures hebdomadaires (le peuple a répondu non). Ou si la Suisse doit entrer dans l'ONU (le peuple a fini par dire oui).

Les Suisses aiment à se décrire comme une *Willensnation*, une nation de la volonté. Cela veut dire que les citoyens suisses ne souhaitent guère que la langue, la race ou la religion les constituent en peuple ; ils ont plutôt décidé, en réunissant leurs communes et cantons (qui sont autant d'Etats), de constituer une nation. L'on n'est pas peu fier, en Suisse, de proclamer qu'on est une «nation de la volonté».

Peut-on en dire autant de l'Allemagne ? Historiquement, ce serait un peu difficile, car l'empire ou la monarchie électifs du Moyen Age tombent dès le 16e siècle aux mains de la maison des Habsbourg, qui n'est plus exclusivement allemande, et la volonté d'unité allemande, sans la béquille de la suprématie prussienne, n'aurait pas avancé. Ce n'est que tout récemment, lors du tournant de 1990, que l'Allemagne de l'Est, en marquant son désir de s'unir à l'Allemagne de l'Ouest, a manifesté qu'elle, du moins, était une «nation de la volonté». Mais durant les décennies et les siècles précédents, la volonté allemande de créer un Etat fut surtout une volonté de conquête, plus ou moins sympathique.

Dans la composition d'une association étatique et dans sa construction, les Suisses et les Allemands se distinguent notablement. La conséquence en est aussi que dans les deux pays, la teneur de l'atmosphère politique, certes invisible, est extrêmement différente. Les paysages, les cités, les écoles, les voies de communication, le comportement social des individus peuvent être ou paraître extrêmement semblables ; dans le domaine politique en revanche, les Suisses et les Allemands ne se ressemblent pas.

AIGUILLAGES HISTORIQUES

Où se fondent leurs différences, l'histoire devrait le savoir. Elle enseigne que le schéma de base est déjà distinct pour les deux pays : l'Allemagne est finalement le résultat d'un regroupement de tribus, de familles et de maisons princières parlant une langue semblable ; la Suisse apparaît comme la cristallisation d'une constellation miniature. C'est pourquoi il existe une Suisse primitive, dont l'origine est aujourd'hui datée de 1291, parce que la première lettre d'alliance qui soit conservée, entre Uri, Schwyz et Unterwald, porte cette date. On peut donc dire que la Suisse a été fondée un beau jour ; une telle assertion s'applique mal à l'Allemagne. L'alliance des Suisses germanophones du Moyen Age fut une alliance à l'intérieur de l'empire de la nation allemande, qui a vu se former entre le 13ᵉ et le 15ᵉ siècle bien d'autres alliances de ce genre. Sa particularité fut d'être une alliance d'entités étatiques républicaines. Elle n'incluait donc pas de maisons princières ; le prince-abbé de Saint-Gall et le prince-évêque de Bâle y furent, au mieux, ce qu'on appela des pays alliés.

L'épreuve décisive, pour cette alliance, ce fut la guerre contre le duc de Bourgogne Charles le Téméraire. Les Suisses le battirent en 1477 à Nancy, contribuant de manière essentielle – et sans s'en douter – à la naissance de l'empire de Charles Quint. L'autre épreuve, ce fut une guerre de portée plutôt régionale (le long du Rhin, en descendant des Grisons jusqu'à Bâle) : la guerre que les cités allemandes favorables aux Habsbourg appe-

lèrent la guerre des Suisses, tandis que les Suisses, eux, l'appe-
lèrent la guerre des Souabes. C'est de cette époque que datent
certains qualificatifs dont les richesses empruntent à la zoologie : les lansquenets allemands criaient aux Suisses, depuis l'autre
rive du Rhin : «vaches de Suisses», et les Confédérés répli-
quaient par : « cochons de Souabes ». (Le sous-entendu offensant
de cette dernière création verbale peut se réclamer d'une vénéra-
ble ancienneté ; cinq siècles au moins, puisque la guerre des
Souabes fut achevée en 1499.)

Cette paix de Bâle fut précédée par la Paix Perpétuelle de
1474 : la maison des Habsbourg renonçait, à l'intérieur de la
confédération des huit cantons primitifs, à d'importants territoires qui peu de temps auparavant étaient encore autrichiens. Il
s'ensuivit l'élargissement de l'alliance des Confédérés à Bâle et
Schaffouse, tous deux nantis de possessions sur la rive droite du
Rhin. Militairement, la Suisse était devenue une grande puissance, mais après ses premières défaites dans les guerres d'Italie
du Nord à l'époque du roi François 1er, on se convainquit
progressivement qu'une politique de neutralité déclarée serait
peut-être le comportement le plus avisé pour assurer sa survie.
La Suisse devint neutre ; quand le pauvre Simplizissimus de
Grimmelshausen, durant la guerre de Trente Ans, pensait à la
Suisse, c'était un pays dans lequel coulaient le lait et le miel ; les
paysannes mettaient des fleurs à leur fenêtre, et personne ne
volait les oies du jardin. Dans les traités de paix de Münster et
Osnabrück, en 1648, Rudolf Wettstein, le maire de Bâle, obtint
pour toute la Confédération l'exemption du Reich allemand et
de ses tribunaux ; la diplomatie française l'y aida avec énergie. Il
s'agissait aussi, grâce aux traités que Bernard de Saxe-Weimar,
mort dans son jeune âge, avait conclus avec la couronne de
France, que celle-ci puisse récupérer l'Alsace.

L'ÉCOLE DE NAPOLÉON

Entre le 13e et le 17e siècle, le système d'alliance confédérée
s'épanouit et se consolide. Fiers de cette continuité, beaucoup de

gens oublient que sa rupture fut une condition indispensable à la naissance de la Suisse moderne. Pensons à l'invasion française, qui imposa en 1798 la République helvétique ; pensons à la reconstruction d'une confédération d'Etats par la grâce de la France et l'intervention très personnelle de Napoléon. L'empereur qualifia de « consulta », c'est-à-dire d'audition, l'assemblée de l'hiver 1802/03, où furent entendus une soixantaine de Suisses issus de 19 cantons (Genève, Neuchâtel et le Valais, la France les avait annexés sans autre forme de procès, et le Tessin devait être rattaché à l'Italie). A chaque canton, Napoléon et les sénateurs français qu'il avait choisis soumirent une constitution particulière, prêtant une oreille attentive aux éventuelles protestations des Suisses. Le soir du premier jour, l'affaire était réglée.

Les anciens cantons ou Etats n'avaient pas connu de constitutions à proprement parler ; les lettres d'alliance qu'ils échangeaient n'étaient pas des constitutions au sens actuel du terme, mais des contrats de droit international, sous le contrôle d'une Diète que l'on peut plutôt considérer comme une espèce de conférence ministérielle. Désormais, après l'effondrement de l'ancienne Confédération et l'échec de la République helvétique unitaire, la solution la plus intelligente était derechef une confédération d'Etats miniatures. Napoléon avait bien vu que la structure fédéraliste était ce qui correspondait le mieux à la nature de la Suisse. La présidence formelle de cette confédération d'Etats, en la personne d'un landammann suisse, n'était là que pour répondre aux obligations diplomatiques, et surtout pour mieux disposer les troupes suisses à se mettre au service de Napoléon.

Vu d'aujourd'hui, c'est une affaire plutôt honteuse. Durant la guerre de libération allemande de 1813, les Suisses étaient du côté français, ce que des généraux prussiens blâmèrent vivement – qu'était devenu l'amour suisse de la liberté ? Mais pour l'existence à venir de l'Etat suisse, ce fut idéal, un vrai coup de chance : la structure républicaine de la Suisse était préservée. Sa construction fédéraliste était renforcée. Anciens pays sujets, les nouveaux cantons se voyaient reconnus comme tels. La Suisse qui auparavant était presque exclusivement germanophone, s'était agrandie en direction de l'ouest, gagnant une portion de territoire francophone. L'idée d'un vice-roi de Suisse, exécutant docile des volontés françaises, avait fait long feu ; politiquement, il était suprêmement habile de figer la Suisse dans une situation de paralysie politique.

Les événements, en Allemagne, furent complètement différents. Durant les guerres de la Révolution, dans les régions rhénanes frontalières, ce ne furent pas seulement les Français, mais aussi les républicains allemands qui éprouvèrent le désir d'adopter des modèles démocratiques et républicains. Pensons à la République de Mayence. Durant les campagnes des armées françaises en Allemagne du sud, entre 1796 et 1798, les généraux, dans un premier temps, hésitèrent à encourager les forces révolutionnaires locales. Puis on décida que sur les arrières de l'armée en marche, les révolutions ne seraient plus tolérées. Ainsi les généraux français commencèrent-ils de s'entendre avec les autorités du margraviat ; la seule affaire était de réduire l'empereur autrichien.

Le résultat, tout à fait conforme aux volontés de Napoléon, ce fut le Rheinbund de 1804. Naquirent alors un royaume de Bavière, un royaume du Wurtemberg et un Grand-Duché de Bade (de dignité royale) – trois territoires agrandis ; tandis que le margraviat de Bade était étendu vers le nord jusqu'à Mannheim/Heidelberg et à l'est jusqu'à Constance. Les princes régnants de l'Allemagne voyaient leur nombre complété par un roi napoléonien de Westphalie ; le prince héritier de Bade eut le devoir d'épouser Stéphanie de Beauharnais.

En 1815, après Waterloo, ce fut la fin du cauchemar, et le début de l'ère Metternich. L'Allemagne eut à nouveau son assemblée des princes, la Suisse continua d'avoir une diète. Celle-ci, sous la pression de l'empereur d'Autriche, du tsar russe et du roi de Prusse, s'empressa de déclarer que les constitutions de l'époque napoléonienne étaient sans valeur ; elle en rédigea de nouvelles. Au niveau fédéral, un contrat réglait les affaires communes, qui étaient au premier chef de nature militaire. Sur le plan cantonal naquirent des constitutions qui dans la mesure du possible renouaient avec la souveraineté des conseillers de la Suisse prérévolutionnaire. Ce fut le temps de la Restauration, qui reçut son nom du titre d'un ouvrage de sciences politiques écrit par le Bernois Carl Ludwig von Haller – un auteur très en faveur à la cour prussienne.

DÉMOCRATIE, FÉDÉRALISME, LIBÉRALISME

Dans les cinquante années qui séparent 1798 de 1848, les mots de démocratie, fédéralisme et libéralisme acquirent en Suisse toute leur signification. Dans la constitution de la République helvétique (décriée par la suite), on pouvait déjà lire que la Suisse serait désormais une démocratie représentative. Dans les cantons placés sous le régime de la Landsgemeinde, il s'y ajoutait l'ancienne tradition de la démocratie directe. Dans la fédération de 1815, le prince-évêque de Bâle et le prince-abbé de Saint-Gall furent démis de leur pouvoir politique. Dès lors, la Suisse tout entière était républicaine et démocratique.

En 1798, le projet d'une constitution républicaine adaptée au voisin du nord fut imprimé à Bâle et fut exporté par ballots dans le sud de l'Allemagne. Ce document resta sans écho. On ne prit pas la peine de le lire ; il fut englouti dans les archives, pour n'en être exhumé que dans les années soixante du siècle dernier, par Heinrich Scheel, historien de Berlin-Est. Des formes de gouvernement démocratiques qui s'étaient dessinées dans un petit nombre d'anciennes cités impériales furent victimes de la résolution prise par la députation du Reich en 1803. Ces cités tombèrent sous la souveraineté des princes.

En Suisse, la collaboration entre cantons ne pouvait fonctionner que sur un mode fédéraliste. Napoléon lui-même avait dû constater que la structure politique naturelle de la Suisse était fédéraliste. L'alliance fédérale de 1815 entre les cantons suisses ne donnait pas naissance à un Etat fédéral, mais rétablissait une fédération d'Etats en les liant sur le plan du droit et de l'organisation. On ne peut rien trouver de comparable en Allemagne, et en 1848, une tentative dans ce sens fit même naufrage à Francfort.

Goethe avait déjà parlé de concepts « libéraux » ou d'un esprit « libéral ». L'expression revêtit un sens politique en 1812, lorsque les membres des Cortès espagnols, qui s'engageaient en faveur de la souveraineté du peuple et de la garantie des libertés fondamentales, commencèrent de s'appeler «los liberales». Dans la France post-napoléonienne, sous le règne de Charles X, c'est un Suisse, Benjamin Constant, qui défendit à la Chambre les postulats portant l'étiquette libérale, comme la liberté de la presse, la séparation des pouvoirs ou la fidélité à la Constitution.

Puis survint, en 1830, la Révolution parisienne de Juillet; le roi-citoyen Louis-Philippe monta sur le trône. L'écho de cet événement déclencha en Suisse toute une vague de révisions constitutionnelles dans les cantons, selon une tendance que l'on doit qualifier de libérale. L'élection des gouvernements par le peuple, la suppression des postes à vie dans l'exécutif, la séparation de ce dernier avec le pouvoir législatif, la liberté de la presse, la liberté de réunion et de pétition s'imposèrent par étapes, et tour à tour dans chacun des cantons, alors qu'en Allemagne, la grande affaire fut surtout de savoir quels droits une diète pouvait arracher, de haute lutte, aux princes souverains. Plus d'une fois, les mouvements libéraux populaires furent étouffés avec l'aide des troupes d'intervention prussiennes. Le nombre de réfugiés libéraux allemands en Suisse ne cessa de croître. Les frères Ludwig et Wilhelm Snell durent fuir le duché de Nassau pour gagner Bâle; l'Université de cette ville leur offrit des postes de professeurs de droit. Du coup, Frédéric Guillaume III interdit à ses sujets d'aller étudier à l'Université de Bâle. (S'il existe encore aujourd'hui quelques représentants de la vieille génération qui parlent de l'Allemagne comme du «Canton de Nassau», c'est une référence aux frères Snell. Et comme Wilhelm Snell était connu à Bâle pour son amour de la boisson, l'expression «boire à la Nassau», qui signifie picoler joyeusement aux frais des autres, pourrait bien avoir elle aussi un rapport avec ces réfugiés allemands.)

1848, DATE DÉCISIVE

En 1998, *Die Zeit* publia un cahier spécial consacré à l'année 1848. On pouvait y lire que la Révolution de cette année-là avait échoué dans toute l'Europe – à Vienne, à Budapest, à Munich, à Berlin, à Milan, etc. C'est seulement à Paris qu'elle avait mis un terme à la royauté, mais permis du même coup l'ascension de Napoléon III. Dans tout cela, pas un mot sur la Suisse. Pourtant, on pourrait précisément soutenir que la Révolution de 1848 n'a réussi qu'en Suisse, et que cette date vit encore aujourd'hui dans le cœur des citoyens de ce pays.

Non comme révolution. L'année 1848, en Suisse, n'a rien de révolutionnaire en soi. Mais c'est l'année de la fondation de la Confédération. D'un point de vue contemporain, c'est la date la plus importante pour notre pays durant ces 200 dernières années. Dans le préambule de leur nouvelle Constitution, les Suisses écrivirent qu'ils entendaient renforcer le lien entre Confédérés, sauvegarder et encourager l'unité, la force et l'honneur de la nation suisse. Pure rhétorique ? On sortait d'une guerre civile, qui n'était pas seulement politique, mais aussi de nature confessionnelle : la guerre du Sonderbund, où les cantons dits libéraux avaient vaincu les cantons dits conservateurs, et majoritairement catholiques. C'est pourquoi il fallait travailler à rétablir l'unité du pays, qui devait montrer sa force face aux velléités d'interventions françaises et autrichiennes. En outre, la Suisse avait besoin que son honneur soit reconnu, parce qu'elle était, loin à la ronde, le seul Etat vraiment républicain, cerné par des monarchies pures et dures.

Une anecdote qui remonte à l'époque où une ligne des chemins de fer d'Etat de Bade atteignit les environs immédiats de Bâle dans les années 1860, met en scène le grand-duc de Bade et le président de la Confédération suisse. A Haltingen, sur territoire allemand, les délégations officielles des deux pays se saluèrent, et le président de la Confédération, Jakob Staempfli, se demanda comment il devait adresser la parole au souverain de Bade. Fallait-il lui donner de l'Altesse royale, la formule qu'avait choisie auparavant Napoléon, ou de l'Altesse tout court ? A la surprise des fonctionnaires badois, il choisit de dire : « Bonjour, Monsieur le Grand-Duc ». Ce dernier voulut bien ne point s'en offusquer : pour une Suisse républicaine, le refus du langage de cour était affaire d'honneur.

Résumons-nous : la Suisse connut l'affront de la République helvétique et de l'Acte de Médiation napoléonien. Ces événements – à la différence de ce qui s'est passé en Allemagne – aidèrent notre pays à s'engager politiquement sur une voix démocratique et libérale, et à fonder un Etat qui, dans la seconde moitié du 19ᵉ siècle (d'abord contre l'esprit du temps, puis en accord toujours plus étroit avec lui) allait devenir un modèle de réussite. La réalisation de l'unité italienne, l'union des princes en un Reich impérial furent, du point de vue suisse, autant de processus de rattrapage d'un Etat national, selon un modèle qui devait conduire à la concurrence puis à la compétition des grandes puissances européennes. La Suisse n'était pas un Etat national défini en fonction d'un seul peuple et d'une seule langue ; et parce qu'elle était un petit pays, la neutralité devint de manière toujours plus manifeste la maxime de sa survie. Cette neutralité fit ses preuves dans au moins trois grandes guerres européennes et même mondiales. Avec un résultat remarquable : pour tous les Etats voisins de la Suisse, les 150 dernières années ont apporté des métamorphoses parfois presque impensables. Seul, au milieu d'eux, ce petit Etat républicain, fédéraliste, démocratique et fidèle au libéralisme (classique) est resté le même, dans sa structure et dans sa nature.

UN SUISSE D'ALLEMAGNE

S'il est vrai que la Suisse moderne, à la différence de l'Allemagne contemporaine, a commencé en 1848, et que cette date a couronné les cinquante années qui ont suivi l'occupation française et la médiation napoléonienne, il devrait bien se trouver un témoin qui conforte une telle vision des choses. Un homme intelligent, venu de l'extérieur. Un homme curieux, intéressé à la politique, à la vie de l'esprit, à la pédagogie, au journalisme, et qui écrirait lui-même : des romans, des textes historiques, des pages édifiantes, des souvenirs, voire des ouvrages spécialisés ; un homme qui en outre poursuivrait une correspondance extrêmement abondante avec les plus importants de ses contemporains. Cet homme devrait avoir atteint l'âge adulte lors de l'invasion française de 1798, mais vivre encore en 1848.

Cet homme existe. C'est un immigrant originaire de Magdebourg, Heinrich Zschokke (1771-1848). Il n'est pas seulement le citoyen suisse d'origine allemande qui a le mieux réussi à s'implanter – et de loin ; il est aussi, en comparaison de ses contemporains, plus célèbre et plus richement doué. Moderne avec cela : il est un des premiers, en Suisse, à disposer de son propre journal. Certes, c'est son éditeur Heinrich Remigius Sauerländer qui en est propriétaire, mais Zschokke en use en toute liberté, en tant que directeur, rédacteur en chef et correspondant. C'est un génie du contact ; il entretient des relations personnelles avec la reine des Pays-Bas, Hortense, et son fils Louis-Napoléon, qui plus tard deviendra l'empereur des Français. Il correspond également avec Heinrich Pestalozzi ; il se mesure dans un concours littéraire avec Heinrich von Kleist ; il est chargé par le roi Maximilien Joseph d'écrire une histoire de la Bavière ; il boit le thé en compagnie du colonel Guillaume-Henri Dufour, futur vainqueur de la guerre du Sonderbund ; il procure un asile suisse à l'ex-roi de Suède Gustave-Adolphe IV. Sa correspondance, que l'on dépouille actuellement à l'Université de Bayreuth, compte déjà 6000 pièces environ.

Le 3 septembre 1795, Zschokke foulait pour la première fois le sol helvétique. Ses impressions d'alors : la nature et le destin auraient « enfermé la Suisse dans un fédéralisme embrouillé, où chaque canton, pour lui-même, est devenu un petit Etat fédéral, à l'assise juridique à chaque fois différente, avec des communes et des vallées aux mœurs diverses ». Lorsque, près d'un demi-siècle plus tard, il se met à son autobiographie, *Regard sur moi-même*, il écrit : « Ici, il était pour ainsi dire exclu de juger de la société civile selon des critères importés d'Allemagne. » Et de vanter un petit cercle de messieurs zurichois réunis autour d'un verre : « Ici, il régnait un esprit et une atmosphère différents de ce que j'avais pu trouver jusqu'alors en Allemagne, parmi les écrivains et les professeurs. (…) Ici, l'homme de science n'était pas seulement un homme de cabinet, que l'on identifie à son activité. Il était en même temps citoyen. Participant aux affaires de l'Etat, et ne se contentant pas de les suivre en spectateur ; membre actif des réunions publiques, exerçant lui-même une ou plusieurs charges ; polyvalent, habile aux affaires, ne se tenant ni au-dessus ni au-dessous de n'importe quel autre citoyen. »

Zschokke, dans la terminologie actuelle, n'est pas seulement un exemple d'intégration réussie : gouverneur helvétique, administrateur des forêts argoviennes, membre du Grand Conseil, membre de la Constituante, fondateur d'écoles, président ou membre du conseil d'administration de nombreuses associations, franc-maçon, citoyen d'honneur – il fut, mieux encore, quelque chose comme l'inventeur et le constructeur de l'identité suisse. Il écrivit des *Histoires suisses pour le peuple suisse*, des contributions historiques pour son journal, le *Schweizer-Bote*, qu'il publia ensuite sous forme d'ouvrage populaire bon marché, avec un maximum de diffusion. Il fut un des premiers (sinon le premier) à témoigner du combat des habitants d'Unterwald contre les Français, alors même que ses sympathies allaient plutôt au parti de la France. Beaucoup de ses récits se déroulaient en Suisse, une Suisse de son époque, ou plus ancienne, le décor était bien reconnaissable. Dans son ouvrage *Les lieux classiques de la Suisse,* accompagné de nombreuses gravures sur acier, réalisées dans la manière anglaise la plus fine, avec la participation de son fils Alexander, il mit en évidence la valeur touristique du pays. Et parce que selon la conviction romantique, un Etat doit aussi disposer de sa propre mythologie, il se mit en quête de légendes et voulut même en inventer, par exemple dans *Le Berger d'Elisée*, où il met en scène une déesse suisse nommée Helva.

En 1798, Zschokke, sur mandat de la République helvétique, a dirigé brièvement un « bureau pour la culture nationale ». Plus tard nous le voyons, jusqu'à l'année de sa mort, travailler à approfondir, à affermir, à enrichir cette culture nationale, avec plus de réussite, de cohérence, d'enthousiasme et d'intelligence que ses contemporains (en Allemagne, dans un esprit évidemment très différent, on pourrait lui comparer Jahn, le « père de la gymnastique »). Au milieu du 19e siècle, Zschokke était l'un des auteurs les plus vendus, y compris en Allemagne ; après la

Première Guerre mondiale, il commença de se démoder, et après la Seconde, on ne le lisait pour ainsi dire plus. Mais son temps pourrait revenir, parce que la découverte du 19e siècle est encore devant nous.

UN ALLEMAND DE SUISSE

Le pendant de l'Allemand immigré Zschokke, c'est le Suisse Johann Caspar Bluntschli (1808-1881), d'abord professeur de droit à Zurich et membre du gouvernement du canton. En tant que conseiller d'Etat, il rédigea en 1843 un rapport au titre surprenant : *Les communistes en Suisse d'après les papiers retrouvés chez Weitling*. C'est surprenant dans la mesure où le *Manifeste communiste* de Marx ne paraît qu'en 1848, et que le Weitling en question était un compagnon tailleur allemand plutôt inoffensif, qui voulait fonder en Suisse des associations de travailleurs.

Bluntschli se fit un nom et se créa une base politique non négligeable parce qu'il fut capable d'unir le libéralisme avec un conservatisme fondamental. Il est le véritable père de la tendance libérale-conservatrice en Suisse. A ce titre, et comme disciple de l'école historique du droit de von Savigny, il lui fut impossible d'approuver la guerre du Sonderbund, menée par les cantons radicaux majoritaires contre les cantons conservateurs : à ses yeux, une telle guerre civile en Suisse allait fatalement pousser les puissances étrangères à des interventions. Ainsi écrivit-il – plus tard – dans son autobiographie intitulée *Les grandes heures de ma vie :* « Cette conviction fondamentale me conduisit à quitter la Suisse, au moins pour quelques années, et à chercher en Allemagne un nouveau terrain d'action. »

Pour Bluntschli, qui à l'époque n'avait pas encore quarante ans, il ne s'agissait pas seulement de lâcher la bride à « ses énergies encore intactes ». Il était convaincu que « la révolution suisse serait un prélude à la révolution allemande, et que l'année 1848, pour l'Allemagne, serait aussi décisive que l'année 1847 l'avait été pour la Suisse. » (…) « J'étais conscient que la nature et l'équilibre des forces, en Allemagne, étaient différents, et que le plus grand danger, dans ce pays, venait de l'absolutisme des gouvernements et des partis bureaucratiques ou réactionnaires. (…) Mais cela ne m'effrayait pas. »

Tout comme Zschokke, Bluntschli trouva aisément l'oreille des dirigeants, notamment le roi Louis de Bavière et ses ministres issus de la noblesse ; en société, il était à l'aise et sûr de lui. L'Allemagne lui dévoila la possibilité d'une action plus vaste dans un cadre plus large, ainsi qu'il le dit dans ses *Grandes heures :* « Mais la Suisse était devenue trop étroite pour moi, et je me tournai vers ce qui est allemand dans une acception plus large. La Bavière aussi me paraît trop petite et trop limitée pour que je m'y consacre. L'Allemagne m'attire davantage. Et même l'Allemagne, si vaste soit-elle, ne me comble ni ne me suffit tout à fait. »

Ainsi Bluntschli quitta-t-il Munich, où il venait tout juste de se construire une maison, et où, presque en passant, il avait fondé la *Süddeutsche Zeitung* avec trois collègues qui partageaient ses vues. Il fut accueilli à l'Université de Heidelberg et auprès du gouvernement du grand-duc de Bade, qui, comparativement à Munich, lui offrit un meilleur salaire et un siège à la première chambre de son parlement. L'adieu à Munich lui fut d'autant plus facile qu'il ne pouvait s'identifier avec l'ambition bavaroise, qui prétendait représenter dans l'alliance allemande quelque chose comme une troisième force, entre Berlin et Vienne. Il était partisan d'une « petite Allemagne », sans l'Autriche ; et pour réaliser l'unité allemande, il plaçait tous ses espoirs dans la cour prussienne. Mais il notait aussi : « L'Europe monarchique ne comprend pas la Suisse républicaine, et ne peut donc lui servir de rien lorsqu'elle est malade. » En 1856, à Neuchâtel, une grave crise couvait entre la Prusse et la Suisse, après qu'un mouvement populaire démocratique eut manifesté son rejet du souverain prussien Frédéric Guillaume IV. Si bien que Berlin décréta des préparatifs militaires contre la Suisse, et demanda aux cours princières d'Allemagne du sud le droit de passage sur leur territoire. L'empereur Napoléon III, citoyen d'honneur d'une commune thurgovienne, put s'entremettre au dernier moment. Le chant de guerre composé par Henri Frédéric Amiel, «Roulez tambours», n'eut pas à être entonné ; en compensation, il fut versé au trésor de nos chants populaires.

Bluntschli fut travaillé toute sa vie par une contradiction : il combattait la tendance à faire de la Suisse un Etat fédéral centralisé (même si c'était dans une mesure encore très modeste) ; or en même temps, il plaidait pour un Reich allemand unifié, sous la houlette prussienne. Mais dès lors que l'Allemagne, si grande fût-elle, ne pouvait même pas le combler ni lui suffire tout à fait, où trouver un niveau supérieur ? Eh bien – chose surprenante pour un Suisse exilé en Allemagne – Bluntschli concevait une entité qu'en 1878 il qualifia d'Union Européenne d'Etats (il écrivait «*Statenverein*» avec un seul «a», pour souligner la relation du mot avec le latin «*status*» et l'italien «*lo stato*»).

En 1873, il fut invité à participer à la fondation d'une académie internationale de droit public. Un collègue écossais nommé James Lorimer plaida pour que l'Europe adopte un principe d'organisation comparable à celui des Etats-Unis d'Amérique, ce à quoi Bluntschli s'opposa avec véhémence (mais en toute collégialité) : «L'Europe est constituée de nations très différentes, qui ne peuvent pas être ainsi unies politiquement.» En outre, le modèle étatique nord-américain «présuppose la républicanisation de l'Europe, ce qui n'est pas la voie prise par les Etats européens au cours de leur histoire».

La conception que Bluntschli se fait de l'Europe étonne par son pragmatisme. Pour les questions administratives, comme pour les règles de circulation, les postes, les poids et mesures, le droit pénal, etc., il préconisait de petites institutions que l'on devait répartir au travers de toute l'Europe dans les différents Etats. Le conseil fédéral de cette union d'Etats ne devait en aucun cas résider dans une des métropoles ou dans la capitale d'une grande puissance. Bluntschli comptait en Europe six grandes puissances (l'Allemagne, la France, la Grande-Bretagne, l'Italie, l'Autriche-Hongrie et la Russie). Puis douze autres Etats, dont la Suisse. Dans l'Etat fédéral européen, tous devaient avoir les mêmes droits ; mais lors des votes, les grandes puissances disposeraient de deux voix au lieu d'une ; elles seraient également compétentes pour les actions militaires. Face au conseil fédéral devait fonctionner une chambre des représentants composée de 120 membres au maximum. Quant au problème linguistique, Bluntschli estimait qu'il ne devrait être interdit à personne de parler dans sa langue maternelle. Mais si les orateurs souhaitaient «être compris de tous ou du moins de la majorité, alors ils devraient parler français, anglais ou allemand». Car ces trois langues étaient les plus répandues en Europe; si quelqu'un, exceptionnellement, parlait dans une autre langue maternelle, «alors il faudrait veiller à ce que son discours soit traduit dans une de ces langues universelles. En Suisse et dans les conférences ou réunions internationales, c'est ainsi que l'on procède depuis longtemps».

Bluntschli ne plaçait pas d'espoirs démesurés dans son idée, qu'il considérait comme «sobre et modeste», mais il l'estimait «plus réalisable et plus efficace que les plans antérieurs». Ses connaissances en tant que spécialiste de droit civil et de droit public, son activité au sein du gouvernement zurichois, sa familiarité avec les événements politiques qui avaient conduit à la guerre du Sonderbund, puis, immédiatement après, à la fondation de l'Etat fédéral suisse, sa qualité, bientôt reconnue au-delà des frontières, de spécialiste du droit international : autant d'atouts qui le plaçaient dans une position idéale, presque unique, pour proposer un concept supranational, une union des Etats européens. C'était, en pensée, une «suissisation» de l'Europe ; c'était aussi (après Sully et l'abbé de Saint-Pierre), un des plus anciens modèles d'union européenne, qui d'autre part – Bluntschli le savait, mais l'empereur allemand ne le savait pas encore – présupposait une Europe devenue républicaine.

DEUX SORTES D'ALLEMAGNE

Un autre Suisse, de dix ans plus jeune que Bluntschli, écrivait à un ami en 1866 : «Et je dois dire que c'est bien beau, ce pays de Bade ! Hier, j'ai interrompu cette lettre pour aller à Freiburg. Je me suis promené tout l'après-midi, jusqu'au coucher du soleil, aux alentours de la ville. Environné par les senteurs de l'automne, je me suis repu du spectacle des montagnes lointaines ; j'ai goûté l'ardeur de la lumière dans les feuillages des vignes, des platanes, des haies de jardins, etc. La tour de la cathédrale au coucher du soleil, rouge feu, violet sombre, m'a donné la même mystique impression qu'il y a 30 ans, lorsque je l'avais vue pour la première fois. » L'auteur de la lettre se décrivait lui-même comme « un maître-flâneur badois, qui fait la tournée de tous les villages viticoles ». Mais ce n'étaient pas seulement les paysages qui l'attiraient : « Nous avons maintenant, dans cette région transalémanique, des jours d'une beauté absolument paradisiaque, et de chaudes nuits bien pluvieuses ; le vin atteindra des sommets, en quantité et en qualité. » A tous ces charmes s'ajoutait quelque chose d'autre encore : « Dimanche dernier, j'ai retrouvé la toujours très charmante Babette, de Grenzach, qui maintenant est Madame Senn à Lörrach, patronne d'auberge ; son mariage semble fort heureux. »

L'auteur de cette lettre était Jacob Burckhardt, professeur d'histoire et d'histoire de l'art à l'Université de Bâle. Nous ne trouvons dans sa correspondance presque aucun témoignage de promenades dans le Leimental suisse, sur les hauteurs du Jura ou dans la vallée de l'Ergolz, mais le promeneur considérait le « pays du margraviat » (c'était ainsi qu'on l'appelait) comme sa patrie. Que cet ancien margraviat soit devenu, depuis l'ère napoléonienne, le grand-duché de Bade, cela ne le préoccupait guère. Il lui donnait un autre nom : « L'Oberland reste ce qu'il fut, et c'est toujours là-bas que je vais dépenser l'argent de mes sorties. Du point de vue économique, je suis un mauvais citoyen suisse. »

Cependant, à partir du 18 janvier 1871, ce grand-duché forma un Etat qui faisait formellement partie du Reich allemand, sur lequel régnait Guillaume I. La patrie de Burckhardt était devenue, si l'on peut dire, une fraction du nouveau Reich, auquel appartenait aussi l'Alsace, « terre d'empire » de la Prusse. (Burckhardt parlait d'abondance des vins du margraviat, mais peu des vins d'Alsace.) Ce qu'il avait écrit autrefois, jeune homme au bonnet vieil allemand, longs cheveux et cou dénudé, ne valait plus : « Je veux consacrer ma vie à montrer aux Suisses qu'ils sont des Allemands. »

Le nouveau Reich allemand devait, selon un vieux mot de son chancelier, être forgé « de fer et de sang ». Otto von Bismarck était son élément moteur. Ce Reich comprenait 25 Etats distincts (en cela, il était comparable à la Suisse), à quoi s'ajoutait l'Alsace fraîchement annexée, et que l'on qualifiait de « terre d'empire ». Mais 22 de ces Etats étaient des monarchies ; on ne comptait que trois cités-Etats républicaines. Dès la défaite autrichienne, dans la guerre austro-prussienne de 1866, la tendance à l'agrandissement par annexions devint suspecte à Burckhardt. A ses amis et correspondants du duché de Bade, il écrivait sur un ton plaisant, mais qui dissimulait un vrai souci : « Au prochain grand chambardement, nous autres Suisses, nous nous retrouverons très vraisemblablement, et quoi qu'il arrive, du côté de la France. »

Burckhardt voyait très bien la grandeur de Bismarck (« Bismarck a tout simplement su prendre en main ce qui, avec le temps, serait forcément advenu »), mais une Allemagne agissant sous autorité prussienne lui donnait le sentiment de perdre sa patrie. « On ne peut pas vouloir être un grand peuple à la fois sur le plan culturel et sur le plan politique. L'Allemagne a maintenant fait de la politique son principe, il va falloir en payer le prix. » A Friedrich von Preen, il écrivit en 1873 : « On a le sentiment que le monde, petit à petit, tombe en de mauvaises mains. » Cela pourrait aussi valoir pour Bismarck, dont Burckhardt écrivait en 1877 : « Sur toutes les grandes questions intérieures, il s'est passablement fourvoyé ; en plus, à en croire ses propres paroles, sa santé est atteinte. » Ce n'est qu'après le renvoi de Bismarck par Guillaume II, dont Burckhardt prit assez vite la mesure, que la figure du chancelier devint pour lui l'incarnation d'une autorité qui s'était imposée durement, mais qui avait bien administré les affaires et peut-être même servi la paix.

Mais cela n'avait plus rien à voir avec le sentiment de Burckhardt d'être chez lui à la « Couronne » de Grenzach, au « Cerf » de Lörrach ou d'Haltingen. L'Allemagne unifiée, dans son esprit, s'était divisée : d'un côté le margraviat tout proche –

qui était presque davantage sa patrie que Bâle-Campagne, séparée de la ville en 1833. Et de l'autre côté un Reich allemand dont les dimensions avaient explosé, et auquel le citoyen d'une petite ville d'un petit pays ne pouvait plus rien changer. Burckhardt n'avait plus envie de montrer aux Suisses qu'ils étaient des Allemands.

RETOUR À L'HISTOIRE

Un Allemand immigré en Suisse clarifie, élargit, invente l'être suisse. Un Suisse établi en Allemagne contribue à faire du roi de Prusse l'empereur du Reich allemand, et au-delà, bâtit le projet d'une alliance de tous les Etats européens, au point que nous devrions le décrire aujourd'hui comme un des pères fondateurs de l'Europe. Enfin, un Suisse qui vit en étroite intimité avec l'Oberland de Bade reconnaît que le margraviat administré depuis Karlsruhe n'a pas grand-chose à voir avec le Reich allemand dirigé par Berlin, même s'il en fait désormais partie. Tout cela s'est passé durant l'avant-dernier siècle, le 19e. On peut se demander quelle importance ces événements peuvent garder aujourd'hui, après la Première et la Seconde Guerre mondiales, après la République de Weimar et l'Allemagne nazie, après la fondation de la République fédérale et la réunification des deux Allemagne. Ce retour dans le passé historique n'est-il pas surtout un exercice académique ?

Les Etats nationaux européens, parmi lesquels la Suisse et l'Allemagne, sont en dernier ressort les produits de la Révolution française et de l'ère napoléonienne. Certes il existait, auparavant déjà, une alliance des Confédérés et un Reich allemand, composés par les grandes et les petites principautés, ainsi que par les villes libres de l'empire. Mais c'est ensuite que la machine du temps commença de s'accélérer pour la Suisse, comparativement à l'Allemagne : la Suisse devint, grâce à la République helvétique imposée par la France, et grâce au diktat de Napoléon, un Etat constitutionnel, construit sur un modèle fédéraliste et fait de cantons souverains, tandis que l'Allemagne resta une association des principautés. En 1848, elle n'osa pas faire droit à la revendication d'une République, et ne sut profiter de la sagesse de l'archiduc Johann, institué régent de l'Empire à Francfort.

L'avance de la Suisse représente assez exactement les 50 années qui vont de 1798 à 1848. Dans la deuxième moitié du 19e siècle, tandis que l'Allemagne wilhelmienne réclamait aussi des colonies, irritait la Grande-Bretagne avec sa politique navale et poussait la Russie à s'allier à la France, la Suisse, après la révision constitutionnelle de 1874, développait les droits populaires. Cela signifiait non seulement que toute modification de la Constitution devait être approuvée par tous les citoyens disposant du droit de vote, mais encore que ceux-ci pouvaient exiger une modification de cette Constitution (initiative constitutionnelle); des lois contestées par un nombre suffisant d'électeurs devaient également être soumises au vote populaire (droit de référendum). Au 20e siècle, des traités avec des organisations supranationales ont été soumis à leur tour au référendum, si bien qu'aujourd'hui une adhésion de la Suisse à l'Union européenne ou l'adoption de l'euro sont impensables sans une consultation populaire (et par conséquent fort difficiles).

Les droits populaires au niveau fédéral n'étaient pas de pures nouveautés, ils ne tombaient pas du ciel. Ils durent d'abord trouver leur formulation au niveau des cantons, puis y faire leurs preuves. On peut presque considérer les 25 cantons de la Suisse comme un grand laboratoire de droit constitutionnel, avec des bureaux cantonaux, où toutes les variantes imaginables de la constitution furent testées, si bien qu'au moment de les introduire au niveau fédéral, on savait toujours comment ça marche.

La différence décisive qui sépare les citoyens suisses des citoyens allemands, ce sont les droits populaires. A cela s'ajoutent d'autres particularités, comme la proportionnelle, qui lors de l'élection directe des gouvernements cantonaux suscite presque automatiquement de grandes coalitions. Lors de l'élection des autorités suprêmes du pays, celle des conseillers fédéraux, qui se fait individuellement, nominalement, et toujours pour quatre ans, les deux chambres observent quelque chose comme une proportionnelle volontaire, si bien que les sept conseillers fédéraux, la plupart du temps, sont issus de quatre partis différents. Les citoyens ont aussi droit de vote sur les impôts qu'ils vont payer. En Allemagne, c'est au niveau fédéral que se déterminent pour tout le pays les impôts les plus importants, sans que les länder puissent dire leur mot. Voilà qui n'est pas compatible avec la conception suisse du fédéralisme. Les Suisses votent même sur le pourcentage de la taxe à la valeur ajoutée.

Tout cela signifie que selon des critères politiques, les Suisses et les Allemands se différencient nettement, et que leur différence peut être expliquée historiquement. Quand des Allemands parlent de l'Etat, ils pensent presque toujours à la République fédérale. L'Etat, en Suisse, c'est d'abord le canton, avec ses lois propres, ses écoles, ses hôpitaux, sa police et ses services sociaux. L'état civil allemand consigne le lieu de naissance d'une personne. L'état civil suisse enregistre son lieu d'origine.

Encore un retour en arrière : le traité fédéral de 1815, après la fin de la domination napoléonienne, était clairement présenté comme tel, et ne prétendait pas être une constitution. La Diète qui fut alors réinvestie dans ses anciennes fonctions n'était pas un parlement, mais une conférence des ministres cantonaux. On peut observer comment, jusqu'à l'année fatale de 1848, ce traité et cette conférence ministérielle tendent à une différenciation croissante. Cela donna naissance à une Suisse à plusieurs vitesses, lorsque certains cantons conclurent entre eux des concordats afin de résoudre des problèmes spécifiques. Le traité de 1815, parce qu'il avait été rédigé à la hâte, n'était pas un bon document. C'est au plus tard en 1830 que la Diète elle-même prit conscience de la nécessité d'une révision. A cette fin, elle mit sur pied une commission qui s'empara de toutes les questions que le traité de 1815 n'avait pas prises en compte : la libre circulation à l'intérieur de la Suisse, la réforme des droits de douane, l'abolition de ce qu'on appelait les impôts à la consommation, qui étaient en réalité une taxe à la valeur ajoutée ; le droit de libre établissement et d'exercice de sa profession dans toute la Suisse, des mesures pour abolir le statut d'apatride. On se posa aussi la question de savoir comment les grands cantons pourraient être mieux représentés dans une diète. Jusqu'alors, celle-ci avait en général pris ses décisions à l'unanimité; désormais il fallait aussi débattre des prises de décision à la majorité. En fin de compte, la proposition de révision de 1832 échoua, mais ses idées se concrétisèrent pour une large part dans la Constitution fédérale de 1848.

N'observons-nous pas, dans l'Union européenne d'aujourd'hui, des processus tout semblables? Et l'Europe n'est-elle pas occupée à savoir comment donner une nouvelle forme juridique à un traité qui s'est considérablement épaissi? On voit se dessiner un parallèle: la commission de révision de la Diète de 1832 préfigure la convention européenne qui s'est constituée sous la présidence de Valéry Giscard d'Estaing. Est-ce que la Suisse, vue sous cet angle, ne pourrait pas devenir un modèle à étudier, pour le présent européen? La question est seulement de savoir quels Européens d'aujourd'hui se donneraient la peine d'une telle étude, quand ces événements du premier tiers du 19e siècle ont pâli dans la mémoire historique des Suisses eux-mêmes. Le retour à l'histoire a un coût. Il n'empêche que la Suisse, voilà 150 ans, préfigura l'Europe.

3

EN QUOI LES ALLEMANDS
SONT-ILS ALLEMANDS ?

Peter Bichsel

Avant l'élection d'un pape, on entend cette plaisanterie un peu lourde et fade : «Qui pourra bien être l'élu?» Réponse : «Encore un catholique, je parie.» Cette bêtise me vient à l'esprit au moment des élections allemandes : «Encore un Allemand, je parie!» Ou une Allemande.

Qu'est-ce que c'est, «un Allemand»? Nous autres Suisses, nous avons notre idée là-dessus. Nous sommes tout à fait sûrs de reconnaître les Allemands partout et en toutes circonstances ; autrement dit, nous postulons que nous sommes radicalement différents d'eux, et de surcroît, par rapport à tous les autres peuples, différemment différents.

En 1948 – j'avais treize ans – je vis mon premier Allemand véritable, diablement véritable, ai-je envie de dire. Nous étions quelque part dans la région de Saas-Fee. L'homme avait une vieille moto, il paraissait sympathique, et il l'était. Mon père engagea la conversation avec lui ; cela me surprit tout de même ; l'Allemand lui dit presque de but en blanc qu'il n'avait pas été nazi. Mon père prit cela très mal. Parce que naturellement, traduit en langage suisse, cela ne pouvait signifier qu'une chose : aucun doute, il avait été nazi.

Plus tard, j'ai découvert l'Allemagne et les Allemands, et la première chose qui me frappa, ce fut la langue. Une langue qui nous est tout à fait familière : nous la lisons et l'écrivons. Pas une langue étrangère, donc, ne serait-ce qu'à cause de la télévision allemande ; une langue compréhensible en ses moindres mots. Je me suis habitué très vite à son usage oral, mais j'ai dû faire le constat, toujours plus évident, que cet allemand de tous les jours me laisse démuni. Je ne sais pas au juste ce que signifient les phrases et les mots du haut-allemand, et la mentalité qu'ils traduisent me demeure étrangère.

J'ai tenté, avec des étudiants de l'Université d'Essen, de réfléchir sur les différences qui séparent la langue parlée de la langue écrite. J'ai échoué : nous ne parvenions pas à nous entendre là-dessus. Une phrase suisse-allemande, traduite en haut-allemand, n'est pas encore, et de loin, une phrase de haut-allemand courant.

C'est seulement à partir de ce moment que j'ai commencé de prêter consciemment l'oreille aux propos des Allemands. J'ai pris garde aux phrases allemandes, au wagon-restaurant, au bistrot ou dans la rue. J'ai noté ces phrases et je les ai proposées à mes étudiants. Je les trouvais singulières ou comiques, mais ils n'y voyaient rien de particulier. Ils me disaient : « Mais oui, c'est ainsi qu'on parle. »

Deux exemples :

« Pourrions-nous prendre place ici, une tierce personne doit encore se joindre à nous, pourra-t-elle également prendre place ? »

« Garçon, nous nous sommes déplacés ici parce que nous souhaitions jouir du moindre rayon de soleil. »

Le Suisse, en moi, considère que de telles phrases ne peuvent exister que sur le papier. On ne parle pas ainsi. Au mieux, on écrit ainsi, quand on écrit mal. En suisse allemand, nous devons faire plus court, ou nous taire. Nous autres Helvètes, nous n'avons pas l'impression d'avoir commerce avec la langue lorsque nous parlons. Nous n'exprimons pas les choses. Les contenus, nous les intériorisons ; nous ne les explicitons pas. Les Allemands, en revanche, parlent. D'ailleurs, le temps passant, je suis convaincu que l'homme de Saas-Fee n'avait pas été nazi. Aussi bien nous l'avait-il dit. Mais chez nous, ceux qui parlent sont suspects. En Suisse, parler n'est pas informer, mais déformer. Et les Allemands, à notre goût, parlent trop, ils parlent tout le temps, ils expriment tout.

Il est franchement difficile, pour moi, d'aborder un ami allemand. Le « salut » suisse est insuffisant, et je suis gêné quand l'autre m'ensevelit sous un flot de paroles. Il dit : « Je me réjouis beaucoup de te revoir ; tu ne peux pas savoir à quel point tu nous as manqué, quelle joie, mais je voudrais commencer par te dire… ». En suisse allemand, de tels propos sont non seulement incroyables, mais ridicules. Je comprends chaque mot, je comprends le contenu – c'est la même langue que la nôtre, simplement avec un accent différent. Mais je me trouve en pays étranger. La langue de ce pays n'est pas une langue étrangère, mais elle manipule des contenus que nous autres Suisses, empêchés de la langue, nous ne manipulons pas. C'est bien pourquoi personne n'a plus de problèmes avec les Allemands que nous autres Suisses allemands : ils parlent une langue que nous pensons comprendre ; notre effroi est d'autant plus grand de découvrir qu'ils sont si différents. Nous nous réjouissons de la différence des Américains, des Français – mais la différence des Allemands est et demeure à nos yeux un scandale. Et cette différence d'être a quelque chose à voir avec une différence de conscience – peut-être même avec *plus* de conscience.

En Allemagne, les choses sont exprimées. Par exemple il existe, dans la République fédérale, des décrets visant les extrémistes, et des interdictions professionnelles. Mais ces décrets et ces interdictions sont combattus et discutés. Chez nous, en Suisse, c'est beaucoup plus simple : les enseignants trouvent du travail – ou, justement, n'en trouvent pas. Le hasard seul peut donner une chance à un enseignant de gauche. En République fédérale, l'interdiction n'est pas seulement une loi, c'est aussi la chance d'un enseignant de gauche. L'interdiction n'est pas une belle chose, mais on ose la formuler, et l'on pose ainsi des limites qui sont claires. La Suisse est moins démocratique, avec sa chasse aux sorcières qui ne dit pas son nom et se couvre du manteau de la démocratie.

NOTRE INDÉCISION FERAIT HORREUR À LEUR EXACTITUDE

Les assistants que j'ai fréquentés à l'Université d'Essen avaient tous reçu leur congé, sous une forme ou sous une autre. Ils se sont défendus par la voie administrative ou judiciaire.

Maintenant, ils sont encore là, et saluent leur professeur aussi aimablement qu'auparavant. En Allemagne, on va devant les tribunaux pour défendre ses droits, beaucoup plus vite et plus souvent que chez nous. Et cela comporte parfois ses avantages. Ses désavantages aussi, parce que dès lors, tout est exprimé et formulé jusqu'au moindre mot ; pas de retour en arrière possible. En République fédérale, on a confiance dans la loi, on a confiance dans la langue, et peut-être dans la langue seule. Mais le « surtout-n'en-pas-parler » helvétique se méfie de ça. Nous ne supportons pas l'exactitude verbale, nous préférons faire des articles constitutionnels qui contiennent tout et son contraire. Notre indécision ferait horreur à l'exactitude allemande. Mais de leur côté, les Allemands fabriquent une bureaucratie presque insupportable. Des formulaires, des formulaires, des formulaires, il n'y a plus rien dans ce pays qui ne soit réglé par la loi. Et pour nous autres Suisses, la langue qui donne son expression à toute cette bureaucratie est décidément une langue étrangère.

A Essen, j'étais incapable de remplir le moindre formulaire. Je devais bien reconnaître que la langue de ces textes était de l'allemand, mais je n'en comprenais pas un traître mot. Les Allemands aussi s'en plaignent, mais là, plus moyen de reculer. Les formulaires ne cessent de s'accumuler. Cependant, avec eux, c'est aussi la justice qui progresse, il faut le dire. Où cela finira-t-il ? La démocratie se réalise-t-elle à coups de lois ? Est-ce que la cour de justice est le lieu d'exercice de la démocratie ? Je pense que ce sont là de vraies questions. Mais il ne serait pas injustifié de poser à la Suisse des questions symétriques.

Ce haut-allemand exact, irréfutable... Dans de petits théâtres expérimentaux de New York, j'ai vécu trois fois cette expérience : quelqu'un se mettait à crier dans une langue imaginaire. Je n'en saisissais pas un mot, et je demandai à mon accompagnateur américain ce que cela signifiait. Il m'expliqua que l'acteur était en train d'imiter la langue allemande. C'est ce que le public, manifestement, semblait comprendre. Pour moi, je ne percevais rien d'allemand là-dedans. Je me suis un peu fâché, et solidarisé avec les Allemands. La langue que l'acteur avait défigurée, c'était aussi la mienne – j'étais donc moi aussi un parleur-d'allemand.

LES ALLEMANDS NE PARLENT PAS
COMME PARLAIT HITLER

Je me demande si l'image que je me fais du parler des Allemands n'est pas faussée, un peu de la même façon. Les Allemands ne parlent pas comme parlait Hitler. Ils font même un effort pour ne pas parler ainsi. J'ai honte de continuer à ne pouvoir oublier Hitler lorsque j'entends parler mes amis allemands.

Les Allemands sont victimes d'un cliché. Nous sommes convaincus qu'ils ressemblent à ce cliché, et nous les voyons comme des caricatures. Dans les nombreux cas où ils démentent le cliché, nous décrétons simplement qu'il ne s'agit pas d'Allemands typiques. Nous prétendons savoir ce qu'il faut attendre de ce peuple.

Ici en Suisse, j'entends sans cesse répéter : « La réunification, ce sera la guerre. Ils vont attaquer. » D'où tirons-nous cette science ? Comment en venons-nous à croire que les Allemands de la République fédérale sont d'enragés va-t-en-guerre ? J'ai presque le sentiment que nous les révérons comme des héros négatifs. Nous croyons les Allemands capables de tout. Nous croyons qu'ils ont tous les talents – et singulièrement celui de faire la guerre. Et nous ne croyons pas que quiconque puisse renoncer à exercer un talent qu'il possède.

POURQUOI DONC AVONS-NOUS SI PEUR DES ALLEMANDS ?

Je rends visite à une femme, en Allemagne. Sur la petite table, à côté du sofa, une photo dans son cadre : un jeune homme en uniforme d'officier supérieur SS. Je le reconnais. Il est connu. La femme dit : « C'est mon père » – je le sais – « mais mes seuls souvenirs de lui remontent à ma petite enfance, je l'aimais vraiment, c'était un père très affectueux. » Politiquement, cette femme a les mêmes idées que moi. Elle est de gauche. Elle a mon âge. Mais je suis Suisse.

Le hasard fait que chez un ami, au cours d'une petite fête, je rencontre un homme qui joue de l'accordéon ; il connaît toutes les chansons de gauche. Lui aussi est à peu près de mon âge. Soudain, il dit qu'il a été l'un des deux défenseurs d'Eichmann, payé par Israël ; un simple mandat, qu'il a accepté en tant qu'avocat. Il paraît se rendre compte que j'accuse le coup. Il dit combien la chose lui a été pénible. Nous ne restons pas longtemps sur le sujet. Mais je commence à observer cet homme. Je prends garde à ses phrases. Je l'écoute avec soin. Rien ne parle contre lui. Je suis certain qu'il votera social-démocrate. J'en mettrais ma main au feu, il n'est ni ancien nazi ni néo-nazi. Oui, le même âge que moi, à peu près. Le même âge, mais un Allemand.

Les Allemands avaient un passeport et une nationalité dont en général on n'était pas fier – et jadis je les en enviais presque. Mais je me souviens aussi de ma colère lorsqu'en 1954, ils devinrent champions du monde de football – ma colère de les voir joyeux. Et il y a encore un mais : je me sens toujours un peu mal à l'aise lorsqu'à l'étranger on me demande «Etes-vous Allemand ?», et que je dois répondre : «Non, Suisse». J'ai comme l'impression que j'ai honte de mes amis allemands et que je les laisse tomber. Etre-Suisse, c'est d'abord Ne-Pas-Etre-Allemand.

Etre Allemand apparaît comme une qualité négative. Chez nous, on entend dire des phrases comme : «Je connais quelqu'un de Hambourg, mais tout ce qu'il y a de moins Allemand.» Aucun Allemand n'échappe à notre vigilance. Et s'il dévoile sa qualité d'être humain, alors nous disons qu'il n'est pas Allemand.

Notre repoussoir intérieur, c'est encore et toujours l'Allemagne. Certes, sur le plan militaire, nous imaginons d'autres ennemis. Mais lorsque j'entends le mot «frontière», je pense au Rhin. Pourquoi donc avons-nous si peur des Allemands ?

Peut-être parce que nous savons tout le mal que nous disons d'eux – et parce que nous avons peur qu'à la longue ils ne le supportent plus. Nous craignons qu'ils en viennent à accepter d'être mal aimés, et décident d'être mal aimés mais puissants. Nous ne donnons aucune chance aux Allemands, et nous craignons que leur chance, ils la prennent tout seuls.

LES ALLEMANDS NE PARVIENNENT PAS À NE PAS ÊTRE ALLEMANDS

Voilà ce dont nous les croyons capables ; la réussite politique de ce pays, nous la balayons avec la formule du « miracle économique ». Et pourtant, la République fédérale est un pays étonnant. Aucun pays au monde – jamais, nulle part – n'a atteint en l'espace de trente ans un tel degré de démocratie, ni si bien instauré l'état de droit et la justice sociale ; aucun, sinon ce pays qu'ici en Suisse et dans le monde occidental nous décrivons sous le nom d'Allemagne, ou comme l'une des Allemagne.

La réussite allemande, ce n'est pas seulement l'effet du zèle ou de l'obstination germaniques, c'est l'effet de la pensée, de la conscience de soi, de la cohérence – et c'est un succès allemand dans la mesure où les choses, ici, ont été formulées au mot près, et fixées dans la loi.

La République fédérale est un espoir. Si elle devait échouer, cela ferait un espoir de moins dans le monde. C'est peut-être aussi l'une des raisons pour lesquelles nous observons les Allemands avec tant d'insistante attention. Ce qui va se passer, nous le savons d'avance, ils deviendront « allemands » – seulement, nous ne savons pas encore quand.

Et les Allemands se sentent observés. Ils savent qu'il s'agit pour eux d'être aussi peu Allemands que possible. Mais ils ne réussissent pas à ne-pas-être-Allemands. Leur échec est tout simplement linguistique. Ils échouent là-dessus, parce qu'ils en parlent. Ils échouent, parce qu'ils ont presque accepté cette exigence du reste du monde – une exigence inhumaine. Imaginons un peu ce que cela signifierait si le monde entier exigeait de nous, les Suisses, de ne pas être Suisses, ou des Français de ne pas être Français.

AUJOURD'HUI, LE JARRET DE PORC EST AU-DESSOUS DE LA DIGNITÉ D'UN ALLEMAND

Mais qu'étaient donc les Allemands avant 1933, avant 1914 ? Je l'ignore. Les Allemands le savent-ils ? Est-ce que cette science leur serait utile ? A quelles conditions doivent-ils aujourd'hui ne-pas-être-Allemands ?

Ne serait-ce pas que nous posons, nous, les conditions en question ? Que nous – et le reste de l'Europe – nous avons décidé comment étaient les Allemands, et qu'ils ne devaient plus être ainsi désormais ? Nous posons les conditions, mais ces élèves modèles ne cessent de nous faire peur. Décidément, ils apprennent tout trop vite.

J'avoue que j'ai une peine terrible avec les Allemands. Lorsque je les rencontre, ils mettent la sourdine à tout ce qu'ils savent, à tout ce qu'ils ont appris. Je me fais l'impression d'un maître d'école qui n'est pas prêt à donner loyalement sa note à l'élève modèle. Avec cela, je n'ai moi-même qu'une très vague notion de ce que l'Allemagne fut – avant 1933 – à l'époque où les Allemands avaient encore le droit de ressembler à eux-mêmes. Je ne connais pas l'art de vivre allemand, et le peu que je sais, je le tire de la littérature, quelque part entre Thomas Mann et Hans Fallada, entre le salon raffiné et la rue prolétaire.

Cette Allemagne prolétaire – c'est peut-être romantique – j'ai un faible pour elle, elle me va bien. J'en trouve ou j'en trouvais le fumet dans les petits bistros berlinois. Mais au centre de Berlin – à Charlottenbourg – je ne le trouve plus guère. Les odeurs du vaste monde, dûment achetées et dûment payées, sont arrivées jusqu'à Berlin.

J'ai une peine terrible avec les Allemands lorsqu'ils se mettent à acheter et à payer. Trouver de la mauvaise cuisine italienne, de la mauvaise cuisine française, grecque ou yougoslave, c'est ici plus facile que de dénicher de la bonne cuisine allemande. Désormais, le jarret de porc est tombé au-dessous de la dignité d'un Allemand. La bonne cuisine allemande, je ne la connais plus que chez mon cuisinier personnel, Günter Grass. Dois-je en conclure qu'il est le seul Allemand, ou le seul non-Allemand ? L'un et l'autre seraient faux dans ce contexte, parce que dans ce contexte il n'y a plus guère de contexte.

Les Allemands ou les non-Allemands vont au restaurant chez l'Italien, le Grec, le Yougoslave… mais chez l'Italien qui fait ses affaires avec l'Allemand, et sait combien de sucre il faut mettre dans le vin pour plaire au goût allemand. Il sait que les Allemands aiment la viande en sauce, et il leur sert des plats aux noms italiens et à la sauce allemande. Au restaurant français, on trouve du camembert frit – un morceau de fromage qui trempe dans de l'huile de friture rance. Je ne suis pas sûr que l'on dénicherait ce genre de chose où que ce soit en France. Mais ici, en Allemagne, cela passe pour de la cuisine française.

ILS SAISISSENT LES CHOSES ET S'EN SAISISSENT TROP VITE

Les Allemands sont des internationalistes singuliers. Ils se sont réellement ouverts au monde, mais ils ne peuvent se tenir de le conquérir. Ils saisissent les choses et s'en saisissent trop vite. Ils comprennent le monde seulement s'ils peuvent s'y germaniser, et ils ouvrent si bien leur porte-monnaie que leurs pays de villégiature trouvent rentable de se traduire en allemand. Un restaurant espagnol propose de la «paella allemande». Je n'arrive pas à imaginer ce que cela recouvre, et je me demande sérieusement si les Allemands parviennent, eux, à l'imaginer. Les Allemands, sur le plan politique, ne sont absolument pas impérialistes, mais leur tentative malavisée d'être cosmopolites les fait passer pour des impérialistes.

Existerait-il une différence entre la politique de la République fédérale et la vie allemande ?

L'internationalisme, ils l'apprennent comme une leçon. Certains journaux féminins allemands jouent un peu le rôle de livres scolaires pour l'exotisme germanisé. La recette presque irréalisable d'un plat français compliqué (avec une splendide photo couleurs) n'est rien d'autre qu'une sorte d'exhortation morale : on persuade la femme allemande qu'elle deviendra meilleure si elle mange français.

ILS N'ONT PLUS RETROUVÉ LEUR IDENTITÉ

Et tout en mangeant, les Allemands parlent recettes. (Mon âme helvétique tient cela pour de la pornographie. Je ne peux pas manger quand on parle recettes.) Impossible d'avaler des spaghetti en compagnie d'un Allemand sans qu'il vous déroule tout un discours sur les spaghetti, et vous étale toutes ses expériences avec les spaghetti. Les spaghetti, pour lui, ne vont pas de soi. Manger ne va pas de soi. Rien ne va de soi.

Tout doit être traduit en langage. Il lui faut sans cesse se convaincre lui-même. Le simple papotage, il ne sait pour ainsi dire pas ce que c'est. Il énumère les longueurs, les hauteurs, les durées, il parle faits ; il a sa philosophie sur chaque chose et ne jure que par elle. Il va jusqu'à soupçonner que les Français eux-mêmes parlent mal le français, parce qu'ils accentuent trop peu la dernière syllabe. Ils donnent parfois l'impression qu'il est de leur devoir d'apprendre aux Français comment être de vrais Français.

Un Allemand, au siècle dernier, a réussi dans le genre – Karl May : il a inventé les Indiens. Nous autres Suisses, nous sommes certes aussi des maîtres d'école, mais des maîtres d'école fronceurs de sourcils. Les Allemands sont des maîtres d'école qui parlent et qui expliquent. Ils ont leur idée de l'Italie, du vin italien ; et cette idée, ils l'imposent.

Cela dit, ils ont les pieds sur terre. Ils excellent dans l'analyse politique et sociale des autres pays. Les livres d'auteurs allemands sur l'étranger témoignent toujours d'une remarquable compréhension des réalités – à coup sûr, d'une compréhension supérieure à celle dont font preuve ces lignes que j'écris sur l'Allemagne. Ils ne se fient pas aux impressions, ils cherchent les faits, ils expriment, ils formulent. Et puis, à quelqu'un qui écrit en allemand, comment reprocher de germaniser les choses ?

L'affaire devient plus délicate avec le public allemand, qui finit par prendre le monde entier pour du bon argent germain. Il ne connaît Marlon Brando que germanophone, et tout ce qui est étranger lui devient une aventure allemande, dans le style de Karl May.

Ce genre de phénomène peut n'avoir rien d'intentionnel, certes. Mais personne ne concédera jamais à un Allemand qu'il fait quoi que ce soit par hasard. Le peuple des poètes et des penseurs (c'est notre idée) fait tout avec intention, avec réflexion, en toute responsabilité. Aux Autrichiens, le national-socialisme est seulement arrivé ; aux Italiens le fascisme est seulement arrivé – c'est pardonné, c'est oublié. Mais les Allemands, ils ont *fait* tout cela, volontairement. On ne concédera jamais à un Allemand qu'il puisse être une victime. Il est toujours coupable. Il a la réputation d'être intelligent, d'être travailleur. On l'en loue, on l'en craint. On sait par exemple que son titre de champion du monde de football, il l'a conquis à force de labeur et de sueur. On sait aussi que les Allemands savent vaincre. Mais s'ils sont vainqueurs, on s'étonne. On leur en veut de leur victoire. On leur en veut encore davantage de se réjouir de leur victoire. Lorsqu'un Allemand se réjouit de l'Allemagne, alors il devient suspect. Nous considérons qu'il n'a tout simplement pas le droit de se réjouir de l'Allemagne. Et parce que nous cherchons des crosses à l'Allemagne, nous restons persuadés que l'Allemagne ne songe qu'à chercher des crosses au reste du monde.

SANS LES ALLEMANDS, L'UNION EUROPÉENNE S'EFFONDRERAIT

Il me semble – après coup – que le national-socialisme a prouvé à nos pères exactement ce qu'ils voulaient voir prouver. Et j'ai l'impression que nous autres, leurs fils, nous ne croyons tout simplement pas que les Allemands puissent nous prouver autre chose.

Aucun pays, plus que la République fédérale, ne s'est engagé sur le plan international. Nulle part plus qu'en Allemagne, la solidarité internationale n'est une évidence – pas seulement en paroles, mais aussi en espèces sonnantes et trébuchantes. Si l'Allemagne devait s'isoler, le dommage en serait incalculable. L'Union européenne s'effondrerait, et beaucoup d'autres organisations internationales tomberaient dans des difficultés énormes. La République fédérale est un Etat pacifique, et qui paie pour la paix. Pourquoi cela déplaît-il à tant de gens ? Pourquoi, dans ces

conditions, ne laisse-t-on pas les Allemands être ce qu'ils sont ?
Pourquoi devrions-nous sans cesse les contraindre à l'échec ?
Pourquoi sommes-nous si contents quand, en dépit de leur
prospérité, la vie ne leur réussit pas ?

TOUT NON-ALLEMAND SAURAIT FORT BIEN
POUR QUI VOTER

La vie ne réussit pas aux Allemands. Je suis incapable de
décrire leur style de vie, je me demande si simplement il existe
un style de vie allemand. L'Allemagne, durant ces vingt dernières années, a changé. Les Allemands, c'est visible, ont accédé à
la prospérité. Mais il me semble que cette richesse n'a fait que
les enfoncer dans la mouise. L'Allemagne – vivre en Allemagne
– me rend triste. Les Allemands m'évoquent l'impossibilité de
vivre, oui, rien de moins. La formule du « miracle économique »
(un miracle fort admiré, au demeurant) nous l'avons toujours
employée d'une façon cynique. A des Allemands humbles et
vaincus, ce concept ne convenait pas, pensions-nous. Il fallait
qu'ils relèvent la tête – « nous sommes à nouveau quelqu'un ! » –
afin qu'ils redeviennent Allemands selon nos mesures. Nous
avons attendu jusqu'en 1960, jusqu'à ce que resurgissent les
premiers hâbleurs allemands, et dès que le premier d'entre eux a
pointé le bout de son nez, nous nous sommes écriés : « Aha, les
Allemands, les revoilà bien ! »

Né en 1935, je suis trop jeune pour avoir la moindre idée de
ce que peut bien être la culture allemande. Je ne connais les
Allemands que depuis qu'ils n'ont plus le droit d'être des
Allemands, depuis qu'ils mangent chez les Italiens ou chez les
Grecs, et je n'ai presque jamais vu un jarret de porc dans la
proximité immédiate d'un Allemand. Les références et les
achats de l'Allemand sont de plus en plus de seconde main : il
voyage par Neckermann, il mange par les journaux illustrés, il
pratique l'érotisme par débats télévisés. Il existe une Allemagne,
mais il n'existe plus d'Allemands. Les Allemands n'ont plus
retrouvé leur identité. Ils avaient trop à prouver, et devaient le

faire trop vite. Cette situation convient aux incorrigibles, qui continuent de détester les Allemands, car ils croient savoir ce que cette identité signifierait. Ils sont persuadés qu'un bon Allemand ne peut qu'avoir mauvaise conscience et traîner un complexe d'infériorité. Je me demande combien de temps les Allemands vont continuer de supporter ça.

Et les élections ?

Tout non-Allemand saurait bien pour qui voter. La plupart des Allemands le savent aussi. Ils savent aussi qui est élu. Avec les socio-démocrates, les choses ne sont pas allées trop mal. Adenauer a veillé à ce que l'Allemagne suscite à nouveau le respect ; le respect pour ce qu'on appelle les vertus allemandes. Brandt a ouvert l'Allemagne au monde, il a donné aux Allemands un passeport dont ils n'ont plus à rougir.

A Essen, un homme de mon âge m'a dit : « J'ai toujours voté social-démocrate. Mais jamais je ne l'ai fait autant à contrecœur que cette fois-ci. » Je lui ai demandé : « Et pourquoi ? » Il m'a répondu : « Parce que cette fois, j'y suis contraint. »

NOUS NOUS PERMETTONS DES CHOSES
QUE NOUS NE SUPPORTERIONS PAS CHEZ EUX

C'est une manière de déclaration politique. Et le miracle économique suisse nous conduit dans la même situation ; les contraintes du produit national brut ne laissent guère d'alternative ; la politique s'effondre.

Mais le « parce que j'y suis contraint » signifie peut-être aussi que l'Allemand doit rendre raison, devant l'étranger, de tout ce qu'il fait. Comment réagirions-nous, nous autres Suisses, si nous étions sous la même contrainte ? Nous ferions la tête, nous deviendrions nationalistes, et nous nous isolerions davantage. Une chose est sûre : le monde – le tiers-monde et le quart-monde – ont davantage bénéficié du miracle économique allemand que du miracle économique suisse. Nous sommes aussi des Germains – nous autres Suisses allemands – et nous ressemblons à nos voisins sur bien des points. Mais nous sommes des

Germains sans culpabilité. C'est pourquoi nous pouvons nous permettre des choses que nous ne supporterions pas chez eux. Et nous nous les permettons. Peut-être ne le pouvons-nous que parce que les Allemands ne peuvent plus se les permettre.

Mais alors, en quoi sommes-nous différents ?

4

QU'EST-CE QUE LA PATRIE
DE L'ALLEMAND?

Adolf Muschg

REMARQUE LIMINAIRE

Le discours partiellement reproduit ici fut ma contribution aux *Entretiens des Thermes*, à Badenweiler, qui se consacrèrent trois jours durant à la question: *Qu'est-ce que la patrie de l'Allemand?* Ces entretiens se déroulèrent en février 1989. La même année, la chute du Mur, si elle ne résolut pas ladite question, la catapulta dans une tout autre dimension. A l'ouest, peu de gens espéraient que la «réunification» aurait lieu de leur vivant, et les rangs de ceux qui n'y croyaient pas seulement du bout des lèvres étaient encore plus clairsemés. Le peuple de la RDA, qui avait forcé cette réunification, fut lui-même surpris de son succès, et plus surpris encore (comme le reste du monde) que ce succès fût advenu sans effusion de sang. Les années suivantes montrèrent aux deux parties que le fruit inespéré d'un Etat réunifié demanderait encore, de part et d'autre, une difficile maturation, qui n'est pas terminée aujourd'hui.

Au printemps 1989, venu de Berlin-Ouest, je traversai, pour gagner la Forêt-Noire encore hivernale, deux frontières de mort. Rien ne laissait encore présager leur proche disparition, et le titre de «capitale» était réservé à la partie orientale de la cité coupée en deux. Les pensées que, juste avant le grand «tournant», je me faisais sur l'Allemagne, ne traitaient pas de la partition allemande: en parler en tant que Suisse ne me vint pas alors à l'esprit. Néanmoins, lorsque je faisais allusion à «la patrie de l'Allemand», ce n'était pas Bonn que j'avais en vue (à l'époque, on la considérait comme un provisoire qui dure). Je songeais à un complexe qui donne à penser à ses voisins dans des termes psychologiques plus que politiques. Naturellement, lesdits voisins ne peuvent peindre les Allemands sans faire partie du tableau – ne serait-ce qu'au travers de leurs omissions.

A ma propre surprise, mon omission à moi, dans ce discours de 1989, ce fut le contexte européen. Implicitement, ma perception restait soumise à l'optique de la guerre froide, même là où elle s'efforçait de traiter de libertés voisines. Ce discours m'apparaît désormais provincial. Ses fondements nationaux-psychologiques ne sont plus très pertinents pour affronter une situation « monopolaire » – ou pour le dire sans détours, monopolistique, c'est-à-dire définie par le marché global et dominée par l'unique puissance mondiale ; une situation dans laquelle l'unification européenne demande une réponse continentale. Que la Suisse s'en soit momentanément dispensée, cela a également changé son rapport à la République fédérale – et précisément à elle, me semble-t-il. Le rôle grandissant joué par l'Allemagne en Europe est moins important à cet égard. Cette puissance moyenne, intégrée, réduite, neutralisée par l'alliance européenne, est devenue une nation renforcée, presque contre sa volonté ; l'idée qu'elle se fait de soi reste une affaire délicate, mais en même temps on l'encourage à prendre conscience d'elle-même ; c'est elle le véritable moteur du futur élargissement à l'est – sinon, qui d'autre ? Elle qui fut l'otage de l'intégration européenne, la voici maintenant son administratrice et son leader ; elle doit à la fois rendre son action efficace et garder sur soi-même un œil critique. Au regard de ce tournant historique, la question des frontières germano-suisses apparaît décidément bien secondaire. La Suisse, à force de ne pas participer au processus européen, a vu l'attention se détourner d'elle, toujours davantage. C'est plus flagrant aujourd'hui, dans la relation Suisse-Allemagne, qu'il y a douze ans. Ce « tournant », sur le plan culturel, n'est pas sans douleur pour la Suisse ; même en Allemagne, où depuis très longtemps on était disposé à se faire une image positive du « Sonderfall » helvétique, celui-ci n'apparaît plus que comme une vieillerie – dans le meilleur des cas.

Ma conférence, qui se tenait dans des limites nationales et opérait avec une typologie historique, s'autorisait encore à présumer une certaine symétrie entre les partenaires, et, à coup sûr, la sympathie des auditeurs allemands. Voici donc une coupe dans le corpus du passé. Qu'est-ce qui, nostalgie mise à part, résiste à un examen plus approfondi, et qu'est-ce qui tombe en miettes ? Je laisse au lecteur le soin d'en juger.

*

La patrie de l'Allemand : en quoi cela importe-t-il au Suisse ? Ce n'est pas sa patrie à lui, ni politiquement, ni juridiquement. Et pourtant. La distance que l'on prétend prendre se dément elle-même. Il y a toutes les raisons de la croire jouée, et d'un jeu qui n'est pas trop joyeux : c'est un réflexe de défense. Par peur d'être lésé, on pose une frontière – mais on ne parvient pas à cacher qu'on ne s'y fie guère.

La question de mon titre ne concerne donc pas seulement les Allemands, et, si elle reste ouverte, leurs voisins immédiats. Elle touche leur voisin *germanophone* dans son existence propre et même son identité. Je ne suis pas Allemand, mais ne-pas-être-Allemand me demande infiniment plus de force que de ne pas être Français ou Polonais ; il constitue une si grande part de mon sentiment national que celui-ci est forcément travaillé par le doute. Je sens dans ma chair ce dont témoigne l'histoire : que la participation du Suisse allemand au complexe allemand est une réalité. Et nous l'avons toujours prouvé de la manière la plus claire lorsque nous l'avons nié ou renié. La puissance moyenne et le petit Etat aux quatre peuples sont partenaires dans un jeu où les cartes, sans doute, ne sont pas également réparties. Et lorsqu'on s'en irrite et qu'on le fait savoir, cela n'est pas sans rapport avec le fait que dans ces conditions le grand ne peut pas rendre justice au petit.

A une condescendance présumée répondent « orgueil et angoisse », pour emprunter une formule où Karl Schmid exprime cette disproportion. Si bien que je dois commencer mon exposé par l'histoire des susceptibilités suisses allemandes, dont la non-réciprocité n'est pas le moindre des motifs.

Pour Simplizius Simplizissimus, lors de son pèlerinage à Einsiedeln avec Herzbruder, à genoux sur des petits pois, la

Suisse était encore un «pays teuton», et quel pays! Une Utopie
de la paix, à l'écart de l'histoire: dans les yeux de l'homme né
dans la guerre, ce pays pouvait bien apparaître béni. Cette aura,
il l'a conservée. Les Allemands, surtout, l'ont conservée. A eux
tous, de Goethe à Wagner, de Herwegh aux dadaïstes, de
Hermann Hesse à Johannes Mario Simmel, et différemment
pour chacun, la Suisse a offert une retraite sentimentale ou fiscale-
ment bienveillante, un asile indispensable dans leur détresse –
un asile de moins en moins sûr, malheureusement. La «brume
odorante» que Grimmmelshausen perçoit vaguement derrière
les figuiers et les vignes, subit cent ans plus tard une nouvelle
espèce de transfiguration utopique: l'œil de la bourgeoisie européenne éclairée, rendu plus perçant par les écrits de Rousseau,
de Gessner et de Haller, y aperçoit des vertus romaines dans un
paysage d'Arcadie. Le berger pauvre prend les traits de
l'homme libre. Dans les *Alpes* de Haller, il n'est pas jusqu'à son
innocence sensuelle, loin de la corruption des cours princières,
qui ne soit célébrée à nouveaux frais: «Ici l'amour brûle libre-
ment et ne craint pas les orages / Nous aimons face à nous-
mêmes et non face à nos pères!»

Il serait tentant, et flatteur pour notre vanité, de continuer à
énumérer les *topoï* suisses culturellement efficaces – le puissant
Tell, glorieux solitaire; ces montagnes où fut tiré «le premier
coup de feu» de la Révolution de 1848; la découverte des Alpes
par les Anglais, qui en firent des monuments naturels à visiter;
Heidi, l'enfant de la montagne, qui ne peut guérir des miasmes
d'une ville sans cœur qu'auprès d'Alpöhi et de Geissenpeter –
sans oublier la famille du Robinson suisse, dont la demeure
arboricole ne s'imposa pas chez nous, mais le fit avec d'autant
plus de luxuriance sur le sol de Disneyland; et finalement la
Croix-Rouge, qui a inversé les couleurs suisses pour adresser
son message à l'humanité. Ce pays dans lequel coulent le lait et
le miel, ce pays florissant et favorisé par la fortune n'est devenu
une réalité que durant les cent dernières années. Si l'on considère que le prix en fut payé sur les champs de bataille de
l'Europe, ce n'est pas une réalité très plaisante. Depuis que mon
pays se recommande au monde comme un discret refuge pour

l'argent de toute provenance, sa vieille innocence manque un brin de crédibilité. Parmi tous les regards que l'étranger porte sur la Suisse, celui des Allemands est le plus généreux et le moins envieux. Mais ce phénomène, pour les Suisses qui ne sont pas à la tête d'une agence de voyage ou d'une chambre de commerce, ne laisse pas d'engendrer une irritation compliquée.

Depuis la paix de Westphalie, en 1648, la Suisse n'est plus un «pays teuton». Elle n'est pas une nation comme toutes les autres, mais un Etat miniature, fait de quatre peuples ; un toit de fortune au-dessus d'un rapiéçage de singularités souveraines, de privilèges respectables et soigneusement préservés, qui ne sont unis par rien de plus et rien de moins qu'un intérêt commun : celui de leur survie. En un mot, cette relique du Moyen Age, la plus résistante des nombreuses alliances protectrices et défensives de jadis, a dû élaborer une constitution de raison, développer une conscience de soi, se fournir d'une identité pour laquelle presque rien n'était «donné». Cette identité, il fallait donc l'*affirmer*, dans tous les sens du terme, et, face au voisin allemand, l'affirmer de manière plus décidée que face à nul autre – ce voisin dont elle s'était détachée, et avec lequel, malgré tout, elle gardait un lien particulièrement fort – dans son combat séculaire pour une «immédiateté impériale» qui seule garantissait ses libertés. Jusqu'à nos jours, le sobriquet de «grand canton», qui nous sert à désigner l'Allemagne, trahit, sur un mode à la fois grincheux et humoristique, le sentiment que nous lui sommes apparentés. Les Hauts-Valaisans, de leur côté, qualifient le reste de la Suisse allemande de «Suisse extérieure» ; à Bâle, jusqu'il y a peu, on trouvait nombre de poteaux indicateurs portant la mention «Suisse». Dans de telles conditions psychologiques, il est extrêmement difficile pour les Suisses de fournir à leurs voisins du nord la preuve de ce à quoi ils tiennent le plus : leur souveraineté.

Il faut dire que cette souveraineté n'a pas la tâche facile. Le Suisse allemand, dans son propre pays, est en état de déséquilibre permanent. Il est à la fois majorité et minorité ; le centre de gravité de son identité culturelle se trouve, pour le meilleur ou pour le pire, au-delà des frontières nationales, ce qui le contraint à chercher de manière encore plus décidée son identité et son rôle politiques à l'intérieur de ces frontières.

Gottfried Keller fait franchir cette frontière à son Henri le Vert entre 1815 et 1848, à la suite de son père, ancien compagnon voyageur, qui même après son retour en Suisse n'a plus parlé que le haut-allemand – un cas impensable aujourd'hui. Le fils, traversant le Rhin, atteint au pays béni des poètes et des penseurs, dont il se promet une vraie culture et un élan décisif pour sa carrière de peintre. Cependant, les premières choses qu'il rencontre, ce sont des barrières, des symboles de pouvoir, des chapeaux de Gessler – bien entendu, le fils de Tell refuse de les saluer et ne tarde pas à se retrouver en prison. Un noble allemand le sort du pétrin, c'est justement ce comte éclairé et libéral qui beaucoup plus tard sera de nouveau son bon ange. Le comte est amoureux de cette jeune république alpine, au bonheur de laquelle, dit-il, ne manque qu'une littérature nationale de qualité. Oui, mais cela va changer ! Son vert protégé lui répond vertement et lui dévoile sa double profession de foi. Un Suisse patriote se reconnaît à son ouverture culturelle ; le poète de Zurich doit être capable de prouver qu'il est un poète *allemand* – non moins que son collègue de Genève est un poète *français*. Engranger dans sa patrie les fruits plantés et récoltés chez les voisins étrangers, c'est tout bonnement un devoir de citoyen.

Celui qui – à l'exemple du comte libéral – a l'habitude de considérer comme une unité la culture et la politique, la littérature et la nation, regarde ce beau modèle avec étonnement. Il a bien raison – car ce modèle n'a malheureusement pas résisté à l'évolution historique. Plus précisément, on a perdu cette fière et libre volonté qui était prête, face au dilemme, non seulement à choisir le meilleur mais encore à en faire quelque chose de bon. Lorsque Carl Spitteler, au début de la guerre de 1914, prononça sa grande conférence intitulée «Notre point de vue suisse», il évoqua ses compatriotes et leur amitié pour l'Allemagne, leur responsabilité vis-à-vis des autres cultures de la Suisse, qui n'avaient pas à être sacrifiées au schéma opportuniste ami-ennemi. Ce discours qui n'était pas soucieux seulement de politique culturelle, mais aussi de citoyenneté, était tout à fait dans l'esprit de Keller : il a coûté à Spitteler sa clientèle allemande, sans pouvoir atteindre son but dans une Suisse alors profondément divisée. Le prix Nobel de littérature 1919 fut donné à un homme qui, soit dit en passant, ne parlait lui aussi que le haut-allemand. Cette réhabilitation venait bien tard.

Mon grand-père maternel, un chef de train de la Suisse orientale, n'était guère un défenseur, en 1914, de la double vocation suisse. Pour lui, la visite du Kaiser, lors de manœuvres, avait été le plus grand événement de la Suisse allemande ; désormais, il plantait de petits drapeaux noir-rouge-blanc dans la grande carte géographique suspendue au-dessus du lit conjugal, où il célébrait à sa façon les victoires de Hindenburg. Mais quatre ans plus tard, le mark si solide s'effondrait dans l'inflation ; Berlin et Munich connaissaient l'anarchisme rouge – non, ce n'était plus l'Allemagne de mon grand-père, qui ne lui a pas pardonné d'avoir été un vainqueur indigne de confiance ; pire encore : ses trains n'arrivaient plus à l'heure.

Bien sûr, tout irait mieux si l'on pouvait fixer l'image mouvante de l'Allemagne à l'année 1933. Malheureusement, la légende d'une Suisse antifasciste dès le premier jour est trop belle pour être vraie. Chez mes parents, on n'aimait pas les nazis, mais on trouvait leur action admissible et l'on était tout à fait prêt à y voir une phase de la convalescence allemande. Cela ne changea vraiment qu'après 1938, lorsque l'angoisse mortelle fut plus forte que le respect, voire la fascination. Alors sonna l'heure d'un patriotisme presque sans partage, et qu'on célèbre encore aujourd'hui ; alors le recours au dialecte et à la défense spirituelle prirent leur essor, dans l'ignorance volontaire de tout ce qu'ils devaient, en fait de pathos et de gesticulation, à l'ennemi qu'ils défiaient. Le « petit village » à l'Exposition nationale de 1939, le sentier montagnard avec sa forêt de drapeaux ? Un style patriotique, un « Blut und Boden » répondait au style d'en face, dans sa propre langue. Sans doute, on ne pouvait plus, cette fois, souhaiter la victoire des armes allemandes – mais l'admiration pour elles était clairement perceptible, et le Réduit national, malgré son nom français, était la réponse suisse à la forteresse alpine et aux fantasmes montagnards du Reich allemand. Notre réduit n'était pas moins vulnérable que leur forteresse, mais nous n'avons pas eu, nous, à en subir la preuve.

Ainsi nous est restée, jusqu'aujourd'hui, la légende d'un triomphe mérité, celui du hérisson sur les loups de l'histoire. De même, ce que nous pouvons savoir sur notre politique d'asile de l'époque – et ce que nous apprenons sur notre politique d'asile actuelle – témoigne d'une attitude que l'Allemagne, après la guerre, a surmontée bien mieux que nous, en allant bien plus au fond des choses. Notre pays modèle n'a aucunement inscrit le droit d'asile dans sa constitution ; être épargné lui a suffi. Si bien qu'il ne fut pas libre d'accomplir cette double vocation que lui avait confiée Henri le Vert. Preuve en soit l'histoire de l'édition et du théâtre d'après-guerre. Nous n'avons pas su réaliser grand-chose de durable au service d'une culture allemande libérale et humaine, dont nous nous trouvions être alors les dépositaires. Et les réfugiés qui auraient pu nous apporter cette culture préférèrent, à l'exemple de Brecht, laisser derrière eux un pays heureux mais autosatisfait, pour un pays pauvre et dévasté, mais où ils purent se rendre utiles.

Aujourd'hui cependant, les choses n'ont-elles pas entièrement changé ? Oui et non. La République fédérale, dont le succès a pu remettre en selle les plus confortables de nos préjugés sur les Allemands, est devenue un voisin respectable, plus ou moins familier, mais guère aimé. C'est justement parce que sur le terrain de la démocratie, elle nous dépasse à maints égards. Du coup, cela provoque dans notre petit Etat des réflexes de fermeture, vexés et passablement vaniteux. Mis à part la différence de dimension (mais comment le petit Etat peut-il en faire abstraction ?) on observe entre les deux entités, si l'on considère les choses sans passion, plus de points communs que de divergences ; « objectivement », l'histoire ne nous a plus jamais séparés. Mais à l'évidence les frontières, qui n'existent plus que psychologiquement, et pour tout dire, dans l'imagination, ces frontières veulent exister d'autant plus : le partenaire plus fort n'a rien à craindre de la proximité, il ne la remarque peut-être même pas. En outre, selon un stéréotype qui ne semble pas près d'être obsolète, les caractéristiques que l'on n'aime pas se voir attribuer, on se plaît à les trouver haïssables chez autrui. Cela permet de vivre plus aisément avec cette idée jadis reconnaissante, puis étouffante, que les Allemands ont un grand avantage sur nous : en aptitudes linguistiques – dans une langue que, pour cette raison même, nous partageons de moins en moins volontiers avec eux ; en vivacité culturelle, en valeur et en rayonnement dans le monde, ou même – *horribile dictu* – en attractivité politique.

Le défunt pénaliste Peter Noll a noté un jour que la République fédérale était un Etat de droit mais pas une démocratie ; et que la Suisse était une démocratie, mais pas un Etat de droit – la phrase est plus exacte qu'on ne pourrait croire. Car les droits populaires directs, qui furent jadis les moteurs de la démocratie, contribuent depuis longtemps à la freiner, et si les pouvoirs économiques ne savaient pas comment agir en contournant un appareil politique pesant, et comment prendre ses précautions avec la démocratie grâce à ce qu'on appelle le processus de consultation, plus rien du tout ne bougerait en Suisse. La vie de l'Etat, dans la République fédérale, n'est pas seulement plus spectaculaire, elle est aussi plus transparente, et ceux qui la dirigent sont plus aisément placés devant leurs responsabilités – un niveau de prix et de salaires supérieur, en Suisse, ne garantit pas la réalité de l'Etat, pas plus qu'un standard de vie fabuleux ne signifie un art de vivre correspondant. Les propos de *praeceptor mundi* que l'on pouvait lire par exemple dans la *Neue Zürcher Zeitung* – destinés de préférence à l'Allemagne, qui les écoutait avec respect – sont devenus plus discrets depuis que le marché intérieur commun s'est approché de si près ; la Suisse doit s'estimer heureuse qu'on lui donne encore quelque chose en échange de sa précieuse neutralité.

Ce bonheur qu'on a eu si longtemps, il se pourrait qu'on finisse par en payer la facture. L'angoisse de celui qui a été épargné, et qui est surassuré, cette angoisse a fait de la Suisse un pays à la fois plus irritable et plus petit qu'il ne devrait être, et à coup sûr plus petit qu'il n'était en 1848.

C'était alors un pays pauvre, mais le premier et le seul du continent où la révolution bourgeoise ait triomphé, et qui vint en aide aux Allemands persécutés pour elle, en leur conférant la citoyenneté – il y trouvait son intérêt. Les réfugiés européens ont largement rendu à la Suisse la monnaie de son asile : sans eux, pas d'éducation nationale suisse, pas d'armée suisse, et pour tout dire, pas de constitution ; pas de musique d'avenir, et, ce qui n'est pas rien (des noms comme Nestlé ou Bührle en témoignent), pas d'industrie d'exportation prospère.

Naturellement, la névrose obsidionale des Suisses allemands est en relation avec l'histoire du siècle dernier ; on fit l'expérience que le voisin du nord ne connaissait pas ses propres limites. Lorsque les Allemands furent unis sous l'égide de Bismarck, ils le furent parce qu'ils se concevaient comme un « peuple sans espace ». Nécessité faisait loi – cette affirmation leur permit de faire main basse en 1914 sur un autre petit Etat neutre. Voilà qui a dû faire tressaillir même mon grand-père, le chef de train. Un pays qui s'imagine privé d'espace ne se laisse pas arrêter par les frontières des autres. Les autres, c'est-à-dire le monde entier, méconnaissent le droit à la vie de la « nation tardive » ; il faut le leur enseigner par la supériorité militaire. Pas étonnant qu'on se mette alors à dos le monde entier.

Thomas Mann, dans ses *Considérations d'un apolitique*, est apparu comme l'avocat ambigu et mélancolique de cette nécessité allemande qui fait loi, et qu'il s'agit d'enseigner au monde. Finalement, il s'est résolu à marquer une limite aux ébats turbulents de cet enfant de la nécessité. Cette limite s'appela « République allemande ». Mais cette disposition politique ne fit pas école. Le Troisième Reich, retombé dans la « nécessité », ne se sentit guère lié par elle, comme on sait.

Récemment, je me suis trouvé dans un lieu où la « patrie de l'Allemand » m'est apparue comme elle l'avait rarement fait auparavant : sur l'Oberer Kuhberg, à Ulm. Là se dressent des murailles qui remontent à l'époque où la ville était une fortification fédérale allemande – c'était donc la période d'essai de la révolution bourgeoise en Allemagne. Le fort devant lequel je me trouvais portait le numéro 32. L'écriteau précisait les années de sa construction : 1848-1857, mais il avait été « consolidé jusqu'en 1925 » – vraiment, un mémorial de la République allemande. Néanmoins, il fallait bien qu'un autre écriteau porte cette inscription : « Entre 1933 et 1935, cet ouvrage fortifié servit de prison pour des citoyens résistants. Au nom de leur foi en la dignité et en la liberté humaines, ils se dressèrent contre l'injustice et la violence. » Bref, un camp de concentration. L'un de ces résistants, qui fut brisé là, du moins physiquement, s'appelait Kurt Schumacher, un patriote allemand qui échoua à devenir chancelier de la République fédérale. La RFA, cet Etat partiel et favorisé, ne se donna pas de constitution, seulement une loi fondamentale, afin de signifier qu'elle se considérait comme provisoire. Entre-temps, le provisoire, comme son nom l'indique, a fait des « provisions » pour durer, sans devenir pour autant la patrie de l'Allemand.

Que cette patrie, en toutes circonstances et en tout état de cause, doive être une patrie humaine, c'était la conviction pour laquelle les sœurs Scholl, des étudiantes d'Ulm, furent exécutées. La fondation qui après la guerre a été créée en leur nom, se voulait un projet pionnier, qui entendait donner, littéralement, une forme nouvelle à la réalité allemande : car dans la Hochschule für Gestaltung, construite à un jet de pierre de l'ancien camp, la Bonne Forme, qui avait été excommuniée avec le Bauhaus, devait devenir contenu, et imprégner démocratiquement toute une société : en tant qu'expression esthétique sans compromis, fonctionnelle, adaptée à son matériau, d'une quotidienneté transformée. Ce qu'on visait alors, ce n'était pas une nouvelle forme d'art, mais une nouvelle forme d'industrie, une forme qui pût toucher le public le plus large possible.

Le procès que les fondateurs de cette école firent alors à leur patrie s'emmêla dans quelques contradictions ; ce que Max Bill entendait par un « atelier » ne s'accordait pas avec ce qu'Otl Aicher mettait sous ce nom. Ces contradictions, poussées à l'extrême dans le contexte de 1968, conduisirent à l'interruption de la tentative. Plus précisément, elles offrirent au gouvernement Filbinger l'occasion plutôt bienvenue de les étouffer avec le garrot financier.

Cependant, les quelques maisons-modèles construites sur l'Oberer Kuhberg ne devaient pas rester inutilisées par la suite.

La jeune Université d'Ulm y installa sa section de psychiatrie, ainsi qu'une autre section dont on va parler à l'instant. Où Alexander Kluge voulait apporter la révolution, on se contentait maintenant de limiter les dégâts. Avec tout le respect qu'on doit aux patients de l'institution psychiatrique, il est difficile de ne pas voir ici matière à satire : du Principe Espérance à la communauté thérapeutique... La deuxième section de l'Université installée sur l'Oberer Kuhberg est la section d'anthropologie, avec une annexe consacrée à la biologie de l'hérédité. Sur la table de préparation, on étale des os humains, afin de les reconstituer, autant que possible, en squelettes complets. Il s'agit de recenser le contenu d'une ancienne fosse commune, sur la place de la cathédrale ; l'idée d'établir un lien quelconque avec le camp de concentration tout proche serait bien sûr hautement déplacée.

Depuis 1968, les temps ont une nouvelle fois radicalement changé. A titre d'expert, j'ai participé à la tentative de redonner vie à la Hochschule défunte, en y créant un forum international. La protestation d'Otl Aicher, dans la *Südwestpresse* locale, a été violente. Mais l'approbation d'une nouvelle génération de designers ne fut pas moins impressionnante : ils ne voyaient pas ce que l'ambition artistique de leurs produits pouvait avoir de douteux. Cette fois-ci, le gouvernement de la CDU s'est fait représenter de manière bienveillante et encourageante : l'intelligent M. Späth sait depuis longtemps qu'avec la culture, il dispose d'une industrie qui a de l'avenir, dont le chiffre d'affaires se compte en milliards, mais dont la vraie valeur n'est pas chiffrable : elle crée une croissance qualitative, elle épargne l'environnement et bouche les trous de notre société de communication. Avec ses microbriques, les chips électroniques, notre pouvoir de donner forme aux choses atteint sa limite inférieure. Mais cela n'empêche pas de *designer* d'autant plus joyeusement tout le reste de l'équipement de notre civilisation.

Désormais, on veut l'audace formelle. La culture mercantile coopte cette audace, elle y court, si possible plus vite que la concurrence. Voilà vingt ans, les pionniers se heurtaient à un mur, et brusquement, c'est une porte grande ouverte. Bien sûr, la maison qu'elle ouvre est toute changée, mais cela ne semble pas avoir troublé grand monde. Pas plus que l'ironie de l'histoire, qui a composé sur l'Oberer Kuhberg, dans un étroit espace et en très peu de temps, un mystérieux puzzle de monuments. La solution de l'énigme se trouve dans le musée imaginaire de la postmodernité : les coups frappés par l'histoire, il les assourdit en effets spéciaux ; il fait du *memento mori* un plaisant souvenir, et des avertissements du destin des slogans accrocheurs. La trace que la roue de la destinée allemande a imprimée sur l'Oberer Kuhberg ne peut pas passer inaperçue – mais la roue elle-même a obligeamment mouliné sans engrener sur rien. Le progrès permis par l'histoire, on le touchait presque du doigt : tout paraît à nouveau possible, parce que la nécessité est devenue sans objet et qu'elle ne fait plus loi comme jadis. Le passé n'est plus à surmonter. Comment peut-on y faire face plus élégamment qu'en le mettant hors jeu, en arguant qu'une autruche n'est coupable de rien ?

On a peut-être raison. Un ami psychanalyste (il est Israélien, et peut être pris au sérieux sur le sujet), disait à propos de l'holocauste : tout souvenir, même le plus honorable, demeure obscène, et nourrit un intérêt obscène ; en revanche, il est une chose qui nous aide : l'oubli. – Comme il est impossible de penser la patrie de l'Allemand sans éveiller des souvenirs pénibles, peut-être que la seule chose utile est de ne pas se laisser interroger ? Ne suis-je pas moi-même pris dans ce mécanisme de l'obscénité, indissociable de notre thème ? Comment aurais-je fait, sinon, pour en venir à cette façon désagréable et équivoque de parler de « Reich » ? Comment peut-on, ici et maintenant, aborder par les mots une chose pareille ? Simplement parce qu'avec la meilleure volonté, on n'a pas su comment l'éviter ?

Oui, celui qui, « de la distance la plus proche » se mêle de parler de la patrie de l'Allemand, avance en tâtonnant dans une sombre forêt de suspicions. Par exemple, ne serait-il pas intéressé à fourguer aux Allemands un destin qui ne leur laisse pas d'issue – ni celle d'un postmodernisme plus ou moins joyeux, ni davantage celle d'un discours rationnel ? Il ferait d'eux quelque chose de singulier, afin de leur reprocher leur singularité, et les empêcher d'en sortir. Les psychologues parlent ici d'un *double bind* : quoi que tu fasses, tu fais faux. Les Allemands, avec leur sensibilité, en font l'expérience toute leur vie : ils ne peuvent se justifier devant les autres.

Si j'étais un Allemand, que penserais-je d'une étiquette qui est un stigmate ? Les Allemands de valeur n'ont-ils pas toujours espéré, en tout humanisme, se libérer des attentes trop grandioses ; des attentes qui, si l'on veut y répondre, ne peuvent que dégénérer en caricatures ? Les esprits qui réclamèrent une patrie allemande du juste milieu, et qui passe enfin inaperçue, ce sont justement eux qui durent saboter leur intention déclarée – il y en a des exemples, comme le *Docteur Faustus* de Thomas Mann. Thomas Mann qui, en Amérique, donna l'impression de s'accommoder de la diaspora, de la dispersion physique de son peuple, voire (à l'effroi de Brecht) de l'encourager moralement, sachant bien que les Allemands ne se comporteraient pas à cet égard comme les Juifs : le même écrivain peignit pour le monde le portrait de la folie allemande, devant laquelle le bon bourgeois ne pouvait que se voiler la face. C'est digne des Nibelungen. Nous entendons Kriemhild à la cour de son second mari Attila, qu'elle n'a épousé que pour venger le premier sur ses frères de sang. Ils demandent de combattre au moins en terrain découvert, et de vendre chèrement leur vie. Sa mise en garde a quelque chose de fascinant :

> *« Même si de tous ceux-là ne restaient plus que les enfants d'Ute*
> *Mes nobles frères, et si dans le vent ils rafraîchissent*
> *Leurs cuirasses, vous serez tous voués à la mort.*
> *Car nuls héros plus vaillants ne sont jamais nés dans ce monde. »*

Comment ce « monde » doit-il affronter une si apocalyptique louange de soi-même ? Comment ce monde peut-il conseiller à l'Allemand d'y renoncer ; et comment peut-il ne pas l'y pousser ? Et comment les autres – les Suisses au premier chef – peuvent-ils échapper à cette idée que dans cette image de l'Allemand, ils fustigent un Sonderfall que, d'une manière plus ou moins secrète, ils revendiquent pour eux-mêmes ? Quelle personne, quel fait pourrait permettre à un Suisse de se poser en maître d'école moralisant face à l'histoire allemande en train de s'émousser ou de s'éteindre dans la conscience allemande – ainsi qu'en témoigne également ce qu'on appelle la « querelle des historiens » ?

Si la question de la patrie allemande, pour la majorité des Allemands, devait être réellement résolue ; si l'histoire qui l'accompagne ne devait plus engendrer de monstres, qu'est-ce qui pourrait arriver de mieux à leurs voisins, et au nom de quoi pourraient-ils les en blâmer ? Au nom de Dieu et du diable, la patrie de l'Allemand n'a-t-elle pas été suffisamment poussée vers une grandeur dangereuse ? Si vraiment la disparition de la peur devant sa propre trace est elle-même quelque chose d'effrayant, les voisins des Allemands doivent les laisser en juger et y remédier. Les mythes méritent d'être mesurés aux faits européens qui leur impriment leur marque, aujourd'hui et demain – ce ne sont pas les faits qui doivent être mesurés aux mythes ; à moins que nous n'ayons intérêt à perpétuer ces mythes. Intérêt qui serait arrogant et fatal ; car où que se situe la patrie de l'Allemand, et quelle qu'elle soit, le fait demeure que leurs voisins vivent plus paisiblement avec ce pays que jamais auparavant, dans leur histoire et dans la nôtre. Vraiment, nous n'avons aucune raison de minimiser cette paix (trompeuse ou non). Et si nous continuons de déplorer l'absence, dans la soupe allemande, du grain de sel satanique, et d'y chercher le cheveu du diable au lieu d'apprécier qu'elle soit digeste, alors, nous qui nous sommes suffisamment souvent brûlé la bouche avec cette soupe, si elle est immangeable, nous y avons notre part de responsabilité. Pour une fois, ce ne sont plus les Allemands qui sont coupables de tout.

5

SE FAIRE UNE IMAGE DU VOISIN

Hugo Loetscher

Ses voisins, on ne les choisit pas. On les a. Qu'on les aime ou non. Cela dit, il existe des voisinages très particuliers. Par exemple ceux qu'on peut avoir avec des parents. Cela ne facilite en rien les choses. Dans le cas de l'Allemagne, l'embarras commence avec le vocabulaire. Nous disons «Allemagne» et nous pensons «République fédérale». Certes, il fut un temps où nous avons su qu'il existait aussi la RDA. Mais en général, nous distinguons entre les Allemands et les Allemands de l'Est.

Non, selon toute apparence, ça ne peut pas aller sans embarras.

D'un autre côté, cette relation de parenté et de voisinage a au moins pour conséquence que sur aucun voisin je ne suis mieux informé que sur cette République fédérale – mais cela veut-il dire pour autant que je la connais bien ?

Si je vais en France ou en Italie par exemple – pour évoquer d'autres voisins – j'y vais afin de découvrir des villes ou des régions, par plaisir ou par désir de me cultiver. L'Allemagne, si je m'y rends, c'est parce que j'ai quelque chose à y faire.

On rêve de Toscane ou d'Apulie, on aimerait avoir été en Bourgogne ou en Bretagne – mais qu'en est-il du Westerwald ou de la Mer du Nord ? Et pourquoi n'est-elle pas séduisante, la lande allemande ?

C'est que la France et l'Italie, cultures romanes, font contraste avec la nôtre. Ces pays dégagent un parfum d'étrangeté, de découverte. Que peuvent nous faire les Alpes bavaroises quand nous avons nos Alpes à nous ? A quoi bon la Suisse de Franconie, quand nous sommes nous-mêmes la Suisse ?

L'explication semble évidente. Mais elle ne suffit pas. J'ai l'impression que nous sommes réticents pour d'autres motifs.

Et quant à être différent : je me souviens de discussions, en République fédérale, où je me faisais l'effet d'être plus étranger que dans n'importe quelle conversation balbutiante sur le haut plateau bolivien ou dans une île des Philippines.

Mais précisément : c'est peut-être seulement parmi ses parents que l'on peut être vraiment étranger ; seul ce qui est proche peut se révéler lointain.

Bien sûr, cela ne veut pas dire qu'on ne soit jamais d'humeur à découvrir, en bon frontalier culturel, le baroque d'Allemagne du sud.

Combien de fois n'ai-je pas projeté de faire halte à Heidelberg, dans le train qui me conduisait à Francfort ? Mais à la fin, c'est sur une plage californienne que je voyais le château de Heidelberg, édifié dans le sable par un ex-GI nostalgique de sa période de service militaire.

Certes, ils restent à mon programme, les châteaux de ce Louis II qui compensa par sa folie privée la folie collective des brasseries munichoises. Mais voilà, je connais l'intérieur de ces châteaux de Bavière grâce à un film italien.

Certes, je ne veux pas mesurer ma connaissance de l'Allemagne à celle de ses dômes et châteaux, de ses toits à pignons et de ses maisons à colombages – mais ça me frappe : cette Allemagne, à mes yeux, est restée vague ; son héritage culturel, autant qu'il s'est déposé dans ses constructions et son architecture, m'est beaucoup moins connu que celui de mes autres voisins.

Si je pense à une expérience allemande plus actuelle, c'est en premier lieu Berlin qui me vient à l'esprit. Ce Berlin d'abord divisé en deux, puis coupé en deux par le Mur. Sur aucune autre frontière je n'ai eu si froid. Ce n'est pas sans rapport avec ma conception des droits de l'homme : j'estime qu'on doit délivrer des passeports aux gens sans examiner leur certificat de mariage idéologique ou confessionnel.

Cependant, ce Berlin fut la première ville allemande où j'aie séjourné longuement. Je connais la prédilection de beaucoup de Suisses pour cette ville. Lorsqu'on leur en demande la raison, ils vous l'ont bientôt expliquée : Berlin, c'est autre chose, ce n'est pas l'Allemagne. Au nom de cette conviction, ils sont prêts à goûter l'humour berlinois, qui n'est plus de la première jeunesse.

Berlin est-elle un symbole ou un reste refroidi de la guerre froide, une réminiscence des années vingt ou des Jeux Olympiques, une affirmation pleine d'avenir? Quoi qu'il en soit, sur le plan juridique, elle n'appartient pas, durant une longue période, à la République fédérale. Et pourtant, c'était sur ce territoire d'outre-mer communiste que je participais à des débats d'importance, qui concernaient précisément la République fédérale.

La vie de l'Allemagne de l'Ouest se passait aussi dans d'autres villes, c'est évident. J'ai découvert certaines d'entre elles durant la première décennie qui a suivi la guerre: c'étaient des monceaux de décombres qu'on travaillait à déblayer. J'ai encore dans l'oreille les mots d'un camarade suisse avec lequel je m'étais rendu à un congrès d'étudiants, et qui s'exclamait dans son haut-allemand helvétique: « Ils ont sacrément bien bombardé. »

J'ai revu plus tard plusieurs de ces villes: bien des choses y étaient détruites, non plus par les bombes, mais par ce qu'on appelait alors la reconstruction. Et ces blessures étaient d'autant plus manifestes qu'elles se camouflaient en zones piétonnières et en paradis des achats.

Dans ce genre de villes, j'ai rencontré pour la première fois ce qui devait imprégner plus tard d'autres cités européennes: l'américanisation de notre style de vie. Sauf qu'en Allemagne on s'y conformait avec plus de rigueur, comme si les vaincus étaient tenus de rendre ainsi hommage aux vainqueurs.

L'ALLEMAGNE N'EST PAS SEULEMENT
LE PAYS DES BUVEURS DE BIÈRE

Lorsqu'on discute avec d'autres Suisses qui ont aussi une expérience de l'Allemagne, on parle des villes allemandes. Dans laquelle voudrais-tu vivre si tu devais habiter ce pays? Munich, peut-être, malgré tout? Ou bien Hambourg? Elle est ouverte au monde, à cause de son port. Stuttgart existe aussi, mais en général ou l'oublie.

En échangeant ainsi des expériences diverses, on se donne une chance de balayer les clichés, et de dessiner une image fédéraliste de l'Allemagne, qui ne correspond pas à notre représentation courante d'une structure centralisée. L'ancien nazi n'est pas le seul personnage qu'on ait rencontré ; on a aussi croisé le libéral d'âge moyen ; la cure piétiste est encore vivante, et il existe aussi une Allemagne catholique, même si l'on n'a jamais participé au carnaval. Il n'existe pas seulement l'Allemagne des buveurs de bière, mais aussi celle des routes du vignoble, et qui peut réserver toutes sortes d'expériences inattendues.

Toute personne qui participe à ce genre de rencontre de bistrot insistera bientôt sur le fait que des Allemands comptent parmi ses meilleurs amis, qu'il a vécu en Allemagne des heures inoubliables, que là-bas vous pouvez faire des choses malheureusement impensables chez nous. Mais ce qui me frappe alors, c'est qu'on met en évidence des éléments isolés, qu'on vante les détails. Or j'ai l'impression qu'on le fait pour pouvoir garder le silence sur l'ensemble.

Quand je considère tous les lieux que j'ai visités en Allemagne en près de trois décennies, la question de savoir si je connais bien la République fédérale me paraît tendancieuse – non dans son contenu, mais dans l'attitude qu'elle suppose. Il me semble qu'elle trahit une attitude défensive, un refus de convenir à quel point nous sommes liés à ce pays.

Aujourd'hui comme hier, il est clair que je suis informé sur cette Allemagne comme sur aucun de mes autres voisins. La télévision n'y est pas pour rien. La télévision allemande est une des plus importantes institutions suisses.

Du coup, les actes et le sort de notre voisin du nord ne peuvent pas nous être indifférents. La politique de l'Europe est d'abord, depuis des décennies, la politique de l'Allemagne.

Mais le débat sur ce pays, et dans ce pays, a débouché sur des contradictions qui étaient tout sauf faciles à résoudre, et qui parfois pouvaient atteindre des sommets d'hypocrisie.

Même les Européens qui ne voulaient plus jamais entendre parler d'une Allemagne unifiée, parce qu'ils en avaient peur, parlaient de réunification. Celle-ci resta un thème tabou, et ne cessa pas de l'être alors même qu'il était clair qu'il y avait deux Etats allemands – conséquence d'une guerre perdue.

Du coup, l'on contraignit cette Allemagne à des comportements sinueux, qu'on faisait passer pour de la dialectique. Les Allemands furent dénazifiés et démocratiquement rééduqués. On commença par leur apprendre à renoncer aux armes. Mais un jour, on attendit d'eux qu'ils se réarment, et ils mirent sur pied une armée des plus efficaces.

Alors on fit appel encore une fois à l'art de la réinterprétation. On avait déjà dû faire usage de ce talent pour traiter le national-socialisme et la dictature de Hitler. Ce pays en cassure avec son passé aurait préféré désormais ne pas avoir de passé du tout. Mais c'était impossible, il fallait s'y confronter. Le « surmonter », comme on disait. Cela n'alla pas sans un certain art de se réinterpréter, aussi bien chez les individus que pour la nation tout entière. Et cet art continue de s'exercer aujourd'hui.

CE QUE FONT LES ALLEMANDS NE PEUT PAS NOUS ÊTRE INDIFFÉRENT

Les Allemands avaient espéré s'en sortir avec leur invention quasi géniale de « l'année zéro ». Tout ce qui précédait 1945 aurait été affecté d'un signe négatif, et finalement expulsé du monde. Mais 1945 restait 1945. Et la défaite allemande ne suffisait pas à en faire une année métaphysique. Ainsi les choses prirent-elles souvent un tour pénible, et plus encore. Mais vint le jour où l'on dut défendre cette Allemagne contre les critiques venues de son propre pays. Contre ceux qui pensaient que la structure démocratique de cette Allemagne était ébranlée parce que les nazis gardaient de l'influence et que les fascistes réapparaissaient publiquement.

Quoi qu'il en soit, un pays qui avait été mis à terre en 1945 était devenu l'une des premières économies du monde. On a parlé de « miracle économique ». On devrait mentionner cet autre miracle : jamais aucun peuple n'a transformé une mauvaise conscience en un tel capital.

Si sceptique soit-on, l'on admire la compétence de ces Allemands, en même temps qu'elle nous fait peur. Nous autres Suisses, nous sommes très sensibles à la compétence, nous estimons être des aigles en la matière. Mais ce qui ne cesse de nous irriter, c'est l'industrieuse efficacité de la compétence allemande. Et du coup, nous restons compétents, mais devenons muets.

Nous constatons avec quelle habileté leur compétence sait se vendre, mais nous ne savons jamais si notre économie de paroles tient de la litote vertueuse ou simplement de la lourdeur.

En tout cas, la politique allemande nous fascine. Ne serait-ce que parce que cette politique a des conséquences. Qui gouverne chez nous ? Cela ne nous importe pas plus que ça. Mais si c'était Strauss ou Schmidt qui gouvernait à Bonn, voilà qui nous concernait, voilà la question qui nous occupait.

Nous autres Suisses, nous préférons mener une politique qui passe inaperçue. Une politique dont l'histoire mondiale, autant que possible, ne prenne pas connaissance, car nous espérons que la fin du monde nous oubliera.

A l'opposé, les Allemands mènent une politique lourde d'histoire, par définition ; cette politique éveille le soupçon que le Weltgeist, l'« esprit du monde », pourrait être allemand, même si nous avons appris que ce concept pose quelques problèmes de traduction.

A côté d'une telle politique et d'une telle conception, la Suisse fait l'effet d'être parfaitement ennuyeuse, avec sa démocratie qui aime à se penser comme une recherche du consensus ; sa démocratie où l'on remplace volontiers la discussion sur les fondements par une discussion sur les pourcentages.

Regarder l'Allemagne nous sert d'ersatz à la politique – ce qui ne nous empêche pas de continuer à cultiver notre méfiance à l'égard de cette nation.

DANS LA DISCUSSION, IL VIENT UN MOMENT
OÙ LA DIMENSION JOUE UN RÔLE

Nous avons survécu sains et saufs à la Seconde Guerre mondiale. Cette expérience appartient à notre conscience nationale. Ce qui était simplement le fait des circonstances ou de la chance, nous sommes prêts à le considérer comme le fruit de notre action, ou l'effet d'une élection. Certes, ces événements ont bien vieilli. Mais dans notre idéologie nationale, la défense se situe au tout premier rang. Nous sommes sur la défensive alors même qu'aucun ennemi ne pointe à l'horizon. Nous croyons dur comme fer, comme seul peut le faire peut-être un pays neutre, que si guerre il y a, elle va s'arrêter à la limite du Rhin.

Nous nous comportons vis-à-vis de notre armée comme les Juifs avec l'humour juif. Nous ne tarissons pas de plaisanteries sur elle, mais nous voulons les raconter nous-mêmes ; il ne faudrait surtout pas qu'un Allemand nous les serve.

Quand on discute avec des Allemands ou sur les Allemands, il vient toujours un moment où intervient le fait que la Suisse est petite, et l'Allemagne grande. Et c'est là que commencent nos susceptibilités.

Rien ne me met plus en rage que d'entendre le mot de «*Fränkli*» (petit franc) qui est une création verbale purement allemande. Ce qui me met dans cet état, ce n'est pas que le «petit franc», sur le marché des changes, serait gros. Mais quand on vous parle ainsi, c'est comme si l'on vous donnait paternellement une tape sur l'épaule. Du Suisse honnête, on fait un diminutif. On le fait d'ailleurs dans un esprit d'amitié, ce qui m'apparaît comme un comble de perfidie. On vous apprécie, mais ne déteste pas vous reléguer dans la cour des petits.

Il ne sert pas à grand-chose de s'échiner à montrer que notre pays n'est plus une idylle, et depuis longtemps ; que les Allemands croient encore à une idylle suisse que nous avons mise en question depuis belle lurette – c'est même devenu la mode chez nous. Un critique allemand peut impunément démontrer à un écrivain suisse que son roman politique est un échec, parce que dans son pays il n'existe rien qui ressemble à la politique.

Heureusement, nous pouvons leur rendre la monnaie de leur pièce. Lorsque nous constatons que ce même Allemand, qui parle avec la conscience d'un grand, n'a aucune confiance en lui-même. La société de consommation moderne a fait de nous tous des parvenus; des Allemands, elle a fait des parvenus encore plus gros que les autres. Rien ne nous fait ricaner davantage que lorsqu'un Allemand prend de grands airs, que ce soit dans ses manières ou son langage.

La relation du plus petit au plus grand, ou du plus grand au plus petit, incite à porter sur le terrain de la qualité ce qui n'était qu'une question quantitative. Et cela de part et d'autre. Avec leurs diminutifs, les Allemands tapotent l'épaule du Suisse; du coup, nous voilà prêts, de notre côté, à souffrir non seulement des problèmes de notre pays, mais aussi de ses petites dimensions. Preuve en soit que nous reprenons sans réfléchir la terminologie du grand, sans nous préoccuper de savoir si cela convient à notre situation.

Oui, la difficulté, pour celui qui est plus petit, c'est de ne pas devenir tout simplement petit.

Dans ce contexte, je me fais un plaisir de me répéter: «Si je voyage de Zurich à Francfort ou à Munich, je ne pars pas de la province pour aller m'enivrer des effluves du grand monde allemand, je pars d'une province respectable pour me rendre dans d'autres provinces.»

Cette relation du plus grand au plus petit est déterminée par notre parenté: nous parlons la même langue. Nous parlons allemand. Mais nous le faisons de façon différente. Ainsi naît le paradoxe: c'est précisément par ce qui nous lie que nous avons à nous distinguer.

En tout cas, il se trouve que les Allemands apprécient notre accent. Rien ne leur plaît davantage qu'un Suisse qui parle, long comme le bras, un haut-allemand de Suisse. S'il devait parler sans accent, les Allemands en seraient plutôt indignés, car enfin, le haut-allemand, ils le savent mieux que nous. D'un autre côté, si un écrivain suisse, dans sa langue, recourt à des expressions ou des tournures qui trahissent son origine, il peut être sûr qu'on lui reprochera de ne pas savoir l'allemand. Il le constate avec envie: quand un ressortissant de Graz recourt à ses austriacismes, on ne lui reproche pas ses manques, on loue sa créativité.

Il se trouve que pour nous autres Suisses allemands, la conscience culturelle et la conscience nationale ne se recouvrent pas.

J'ai pensé longtemps que c'était un phénomène spécifiquement suisse. Mais ensuite, je me suis avisé qu'il vaut aussi pour l'Allemagne. La culture linguistique allemande n'est pas superposable au territoire national de la République fédérale. Là-bas aussi, les frontières nationales sont plus étroites que la culture linguistique. La RDA hier, l'Autriche et la Suisse de langue allemande ont participé aussi de cette culture. Si l'on prenait en compte ce phénomène, il se révélerait fécond. Il n'est donc pas seulement source d'embarras ? Dans tous les cas, une chose est sûre : avec un tel voisinage, une telle parenté, il n'est pas possible de parler des Allemands sans parler en même temps de nousmêmes.

6

ET MAINTENANT, LE MUR VA-T-IL AUSSI TOMBER AU SUD ?

Hansmartin Schmid

Quand cela finit par arriver, nous pouvions à peine y croire : le Mur de Berlin n'existait plus. Ces frontières inhumaines à l'intérieur même de l'Allemagne, avec leurs kilomètres de barbelés de mort, leurs installations de tir automatique et leurs meutes de chiens – tout cela était fini.

Se pourrait-il qu'au sud aussi les murs tombent – ces murs beaucoup plus anciens et plus durables, même s'ils sont moins visibles ? Ces murs qui au sud du territoire germanophone, séparent les Allemands des Suisses allemands ; ces entassements d'expériences historiques, de jugements hérités, de préjugés humains-trop-humains, d'histoire et de ressentiments ?

Car n'est-il pas vrai que pour la plus grande partie d'un monde désormais élargi, le Suisse allemand est un Allemand, lui aussi, même si, pour un robuste Confédéré, c'est pénible à entendre ? Franchement, on demande beaucoup trop à un Pakistanais ou à un Indonésien lorsqu'au milieu des mêmes ventres pleins de bière, des mêmes crânes rasés, des mêmes vociférations et des mêmes chants germains, il est prié de distinguer, voire de marquer une frontière politique entre les Saxons et les Zurichois. C'est ainsi que chaque Suisse allemand doit, plusieurs fois dans sa vie, faire cette expérience traumatisante pour l'idée qu'il se fait de lui-même et pour son sens de l'indépendance : on le prend pour un Allemand – tant que son dialecte n'est pas confondu avec du flamand ou du suédois. En tout cas, pour l'auteur de ces lignes, le fait que le mur de séparation, dans la Germanie du sud, soit précisément invisible, lui a valu quelques avanies : un restaurant hollandais a refusé de le servir ; il a subi des rebuffades dans un magasin danois, des insultes dans le métro de Londres, et s'est fait expulser, ou peu s'en faut, d'un vestiaire de tennis romain.

Nous autres Suisses germanophones, nous pouvons bien nous retourner, nous détourner, nous rebiffer, dire et faire tout ce que nous voulons : nous ne pouvons pas – pas plus que les Allemands eux-mêmes – nous arracher à notre destin germanique. Nous parlons peut-être un dialecte complètement incompréhensible pour la plupart des Allemands, pour l'Europe et le reste du monde, une espèce d'idiome secret, germano-fédéral. Il n'en reste pas moins que notre langue a été et demeure celle de Goethe, mais pas seulement : celle d'Adolf Hitler aussi. Voilà pourquoi ce qui se passe en Allemagne et ce qu'il advient de l'Allemagne ne peut pas nous être indifférent.

Néanmoins, le statut du mur qui sépare les Allemands des Hauts-Alémanes est encore beaucoup plus complexe que celui de feu le Mur de la honte à Berlin. Sa construction – et par conséquent les conditions nécessaires à sa destruction – est encore bien plus difficile à comprendre, précisément parce qu'il s'agit d'un mur invisible. Vraiment étrange. D'une part il est entièrement perméable, presque inexistant, et d'un autre côté il est hermétique, verrouillé, inamovible dans les têtes.

Parlons d'abord de son aspect perméable : outre l'intégration européenne qui progresse, la frontière qui sépare l'Allemagne de la Confédération germanophone est une frontière européenne ouverte, et qui laisse libre passage. Et cela ne vaut pas seulement pour les chiffres du trafic de marchandises, pour les flux touristiques, pour les autos allemandes en Suisse ou pour l'exportation suisse. A cet égard, l'Allemagne, pour la Suisse, est toujours à la première place ; il n'y a même pas besoin d'en discuter ou d'écrire sur ce sujet. Mais cela vaut bien davantage encore pour les échanges immatériels, même si le mur du sud, de plus en plus, n'est perméable que dans une direction, pour une route à sens unique, nord-sud. Car ici, sur le terrain de l'esprit, l'alignement de la Suisse allemande sur l'Allemagne est presque complet. Tous les intellectuels germanophones – ou ceux qui se tiennent pour tels – lisent le *Spiegel* ou *Die Zeit ;* quant au «peuple», il lit les magazines que le nord consacre aux têtes couronnées. Pour ne rien dire du média de masse par excellence, la télévision. Ici, le mur n'est plus seulement perméable, il est carrément rasé. Car les stations allemandes, l'ARD ou la ZDF bien sûr, mais aussi les télévisions du Sud-ouest, de la Bavière, de la Hesse, ou les télévisions privées, de RTL à SAT 1, sont désormais diffusées, grâce à de magnifiques relais, jusque dans les hameaux de montagne les plus reculés de la Suisse allemande. Les Jauch, Derrick et autres Gottschalk, dans les salons de Zermatt, sont des hôtes aussi permanents que dans ceux de Flensburg, Felsberg ou Dresde. A cela s'ajoutent les productions de l'«espace germanophone» – ce concept sent sa grande Allemagne ! Ici, il n'y a vraiment plus la moindre paroi séparatrice, seulement la grande communauté des spectateurs béats du samedi soir, qui va de Vienne jusqu'aux sources du Rhin, de Brême à Goms, d'Andermatt à Klagenfurt.

Et ce n'est pas tout. Car du coup, la Suisse germanophone devient, sur le plan politique, quelque chose comme le 17e Land allemand, et pas seulement une province télévisuelle supplémentaire. Car lors de chaque procédure législative dans les commissions et au Parlement de Berne, on commence et on finit par se référer à la procédure allemande. Les rencontres ministérielles dans l'espace germanophone – toujours ce même concept – se sont tellement multipliées ces dernières années que les Confédérés latins en ont conçu, à juste titre, une singulière mauvaise humeur, et qu'on a été obligé de redresser la barre en organisant des rencontres avec les ministres français et italiens.

A force de vivre dans une province télévisuelle allemande, le Suisse allemand est victime d'une fixation sur l'Allemagne. A beaucoup d'égards, il ne prend connaissance du monde qu'à travers la loupe – ou plus exactement l'écran – de la télévision allemande. Les retraités suisses allemands suivent les débats du Bundestag allemand comme si c'était leur parlement, les jeunes regardent les nouvelles sportives de la Bundesliga comme s'il n'existait pas de ligue nationale suisse. Résultat, le Suisse allemand moyen a souvent une meilleure connaissance des événements réels ou supposés des régions allemandes que de ses propres affaires. Parce que ceux qui dirigent les médias suisses à

Zurich et à Berne estiment devoir cela au «peuple» – ou parce qu'ils y sont contraints ; parce que les consommateurs locaux, à force d'avoir des nouvelles de l'Allemagne, en sont encore plus affamés : dans une interaction incessante, les événements allemands, dans les médias suisses, sont préférés à ceux des autres pays étrangers, et traités de façon disproportionnée. Ainsi arrive-t-il que même à la table du bistrot, l'on discute des heurs et des malheurs du ministre président de tel Land allemand. Et naturellement, personne ne connaît l'adjoint aux finances de la proche Lombardie, un homme très capable et très populaire, ni davantage le président du conseil régional de la Franche-Comté. Chez les correspondants à Bonn des journaux quotidiens suisses, il court cette plaisanterie : un terroriste allemand, dans les rédactions suisses, vaut au moins cent lignes de plus qu'un terroriste italien ; un grincement dans la charpente de la coalition de Bonn, beaucoup plus de lignes qu'une crise gouvernementale avérée à Rome.

C'est ainsi. Même dans la vie de tous les jours, le «mur du sud» a totalement et radicalement disparu : voyez les bistrots, le jeu de cartes, les joies de la bière, les fêtes de tir ou de gymnastique, les clubs de quilles, les étudiants portant couleurs, les énormes trains de vacances ou de congé qui partent pour le sud en été. A Olten comme à Duisbourg, je dois frayer mon chemin de piéton entre les Mercedes, les Opel et les VW ; à Soleure comme à Dortmund, je flâne en zone piétonnière entre les magasins de chaussures Salamander ou les réclames pour Haribo ; à Baden (Argovie) comme à Baden-Baden, je reçois le catalogue de vente à domicile Otto ; à Bad-Godesberg comme à Zurich, je vais jouer au tennis en chemise Adidas ou Bogner et en veste Hugo Boss. Tout cela se ressemble comme deux gouttes d'eau. Un Allemand émigré vit aujourd'hui à Zurich – faisons abstraction du Züritütsch – avec une voiture allemande, avec l'ARD, la ZDF et la «Trois» câblée, avec le *Spiegel* et le *Stern*, avec toutes les influences et les produits allemands, au cheveu près, comme à Hanovre, Stuttgart ou n'importe quelle autre ville d'Allemagne. Entre les deux rives du Rhin, pas trace de mur. On ne forme peut-être pas «un seul peuple de frères», comme le

Souabe (!) Schiller imaginait les Suisses, mais à coup sûr un seul peuple de consommateurs collés devant leur poste de télévision.

Et pourtant il est bien là, ce mur érigé dans les têtes, surtout dans les têtes du sud. Car au nord, on peut bien percevoir çà et là quelque arrogance superficielle à l'égard de ces Confédérés taciturnes ; quelques propos dédaigneux du genre : « Oui oui, les Suisses, avec leur neutralité qui rapporte, et leurs comptes à numéros qui échappent à l'impôt. » Ou la formule presque inévitable : « Ah, oui, les petits Suisses avec leur "petit franc" »… sur un ton tellement benoît, faussement bienveillant, qu'à chaque fois ça me retourne l'estomac. L'Allemand de la rue reproche aussi à la Suisse d'être le lieu d'évasion (fiscale) de presque tous les Allemands riches ; et pour beaucoup d'Allemands, surtout depuis que Sandoz a pollué le Rhin, la Suisse n'apparaît plus comme l'« idylle héroïque » dont parlait Nietzsche, mais tout simplement comme un Etat et une société qui ont leur lot de soucis et d'ennuis. Enfin l'Allemand ne cesse de s'irriter contre la Suisse chère, et contre sa « vignette » autoroutière.

Mais pour le reste, la vieille nostalgie allemande pour les sublimes Alpes suisses est presque devenue une helvéto-dépendance. Déjà Goethe avait écrit : « Je suis heureux de connaître un pays comme la Suisse ; maintenant, quoi qu'il puisse m'arriver, j'aurai toujours un lieu de refuge. » Et 150 ans plus tard, un autre prince des poètes allemands, Thomas Mann, a presque dit la même chose en d'autres mots : « L'Allemagne m'est devenue totalement étrangère. Mais en Suisse, je voudrais avoir ma tombe. » Pour beaucoup d'Allemands, la Suisse est demeurée le but de leurs nostalgies, de leurs rêves et de leurs souhaits. Sur un plan matériel, d'abord : c'est le pays des hauts revenus, l'oasis fiscale, loin du méchant fisc allemand ; c'est le refuge (présumé) contre les misères de la guerre et les risques d'inflation. Mais aussi sur un plan immatériel et politique : c'est un Etat neutre, fait de libres alliances, où prévaut la démocratie directe. Oui, sans exagération, on pourrait dire que pour tous les camps politiques allemands, la Suisse est l'idéal rêvé de l'Allemagne. Ce que la psychologie qualifie classiquement de projection est à l'œuvre au niveau des peuples. La droite conservatrice allemande estime que la Suisse réalise ses idées de sens civique, de paix sociale, d'ordre et de libre entreprise. Les sociaux-démocrates, dans leur campagne pour les plébiscites, se réclament toujours et encore du modèle confédéral. Les Verts, quant à eux, voudraient amener l'Allemagne à un statut de neutralité – sur le modèle suisse. Même l'écrivain de gauche Günter Wallraff reconnaissait un jour dans une interview à la télévision suisse : « J'ai envoyé promener cinq fois de suite une télévision allemande. Je ne veux plus rien avoir à faire avec ce public plein d'animosité, déformé par la haine. La Suisse, pour moi, je ne sais comment dire, est plus neutre, plus douce, plus paisible, plus pacifique, plus objective… »

Lors que j'interviewai le chancelier Kohl pour la télévision suisse, je commençai par lui demander : quelle est votre réaction spontanée, lorsqu'on prononce le nom de la Suisse ? Il répondit : « la sympathie ». Dans l'entretien préparatoire, avant que les caméras ne tournent, le chef du gouvernement montra néanmoins qu'il connaissait parfaitement l'ambiance qui prévaut au sud du mur. Car lorsque je lui demandai s'il se considérait comme le saint patron des intérêts suisses dans la communauté européenne, à Bruxelles, sa réponse fut : « Oh non ! Je sais ce que les Suisses, en général, pensent des Allemands. » Il faisait bien allusion au mur érigé dans les têtes, à l'attitude de défense du petit ressortissant du sud, avec son dialecte, contre la domination du nord. On voit que notre manière d'être était connue jusque dans les bureaux du chancelier.

D'un côté du mur invisible, la nostalgie du pays modèle ; le rêve, voire la dépendance ; de l'autre côté, le rejet, le chapelet d'invectives, les remarques désagréables, les dénigrements : les Suisses allemands lisent et admirent les livres, les journaux, les illustrés et les revues des Allemands. Ils voient, entendent et peut-être admirent secrètement les politiciens, les footballeurs, les chanteurs à la mode, les meneurs de jeux télévisés, les femmes et les acteurs allemands. Ils voient et admirent la télévision allemande dans toutes ses manifestations. Ils achètent de préférence les produits allemands, les autos allemandes, les radios et les télévisions allemandes. Ils reçoivent surtout des hôtes allemands, dont ils vantent le pouvoir d'achat, la fidélité, le sens de l'ordre, la reconnaissance. Les Suisses allemands admirent telle ou telle réalisation allemande, mais ils ne l'avoueraient jamais. Car ces Allemands, ils ne les aiment pas.

Les Suisses allemands sont dépendants des Allemands : si ces derniers ne venaient plus chez eux, le grandiose tourisme suisse devrait mettre la clé sous la porte. Si l'économie allemande attrape le rhume, l'économie suisse souffre d'un grave refroidissement. Oui, le Suisse est dépendant de l'Allemand, mais malgré cela ou plutôt à cause de cela, le Suisse allemand n'aime pas l'Allemand – alors qu'il est aimé de lui. Ou, comme l'a si bien résumé le publiciste allemand Helmut-Maria Glogger, qui vit et écrit en Suisse : « Le Souabe aime le Suisse. Pire, le Souabe est fou du Confédéré ; et celui-ci, pour toute récompense, lui voue un mépris pubertaire ! »

On ne saurait mieux décrire les liens complexes qui rattachent ces deux mondes séparés par le mur invisible. Sans doute, de la part du plus petit, en territoire et en nombre, il y a là une réaction de défense naturelle et instinctive contre le grand frère du nord. Sans doute, il faut aussi compter avec le poids du passé. On n'en finit pas de dresser sa défense spirituelle contre la menace national-socialiste, contre le danger de mainmise au nom de la formule nazie « aussi loin que peut être perçu le son de la langue allemande » (et si, dans la Suisse germanophone, ce son prend une allure un peu étrange, ses origines n'en sont pas moins allemandes). Nous héritons encore de cette obstination paysanne du Confédéré mal dégourdi, à la langue mal pendue, et qui ne veut pas être débordé par la trop brillante habileté verbale du nord.

Il a cent fois raison, le cabarettiste allemand Dieter Hildebrandt : « Les Suisses ont des problèmes avec les Allemands parce qu'ils leur ressemblent tant. » Car l'image que le Suisse allemand se fait de l'Allemand est peut-être la plus injuste et la plus vaniteuse du monde. Le Suisse a l'arrogance de l'enfant modèle gâté par le destin. Ou comme l'a noté avec résignation Adolf Muschg dans une interview très remarquée, à l'époque du réveil démocratique en RDA : « Nous autres

Suisses, nous ne nourrissons aucun préjugé à l'égard de l'Allemagne, pas même un préjugé favorable.» Oui vraiment, rien ne paraît mieux cimenté que le mur invisible, du côté sud de la germanophonie. Où donc, dans le monde entier, une insulte inventée durant une guerre qui remonte à la fin du 15e siècle a-t-elle perduré comme l'a fait notre «cochons de Souabes» pour désigner les Allemands? Où, sinon en Suisse, pourrait être née cette méchante formule qui fait le tour du pays à l'occasion des championnats du monde de football, dernier refuge du culte hypernationaliste: «Nous sommes neutres, peu nous importe qui fera la peau des Allemands.» Où, sinon dans la Suisse allemande, a-t-on rageusement et littéralement mis en pièces des postes de télévision parce qu'en 1974 et 1990 l'Allemagne est quand même devenue championne du monde?

Sans doute ces phénomènes relèvent-ils, en partie, des crosses et des blagues que se font des peuples frères, comme les sifflets qu'échangent les Italiens et les Argentins. On peut voir les choses ainsi. Mais la coquette masse de lettres en provenance de Suisse qui m'arrivèrent durant les jours de la réunification allemande m'a clairement montré que le problème est beaucoup plus profond. Bien sûr, chacun se réjouissait de la chute d'un régime injuste, de l'autre côté du Mur. Mais face à l'unité allemande, à ce voisin qui s'agrandissait à nouveau, on ne réagissait pas seulement par le scepticisme ou les mises en garde, mais aussi par le rejet et l'hostilité. Beaucoup de Confédérés pointaient du doigt «un peuple qui n'est qu'une masse, toujours à la recherche d'un Führer», une sempiternelle «race des seigneurs». Muschg a fait le même type d'expérience. Et ce n'est pas seulement Monsieur tout-le-monde qui se montre Suisse-trop-Suisse. Même la très renommée *Weltwoche* de Zurich crut devoir alors mettre en garde, dans un éditorial, contre «la nouvelle puissance mondiale de l'Allemagne». Même si et justement parce que l'opinion internationale attestait que les choses n'étaient plus comme jadis, au vu de la répartition des forces dans le monde, de l'absence d'armes nucléaires et chimiques en Allemagne, et du fait que l'ex-RDA n'apportait que 16 millions de citoyens supplémentaires. La nouvelle

Allemagne unifiée est beaucoup plus petite que ne fut jadis la petite Allemagne conçue par Bismarck. Mais manifestement, pour les petits du sud, c'est encore trop grand.

Décidément, Muschg a raison : nous autres Confédérés de langue allemande, nous ne nourrissons aucun préjugé à l'égard de l'Allemagne, pas même un préjugé favorable, en dépit – ou justement à cause de notre proximité avec ce pays. Ainsi, bien du temps va passer encore avant que ne tombe le mur invisible du sud, et jusqu'à ce que les Suisses allemands, dans leur relation aux Allemands, reprennent à leur compte cette phrase résignée et sarcastique que Martin Luther prononça un jour au sujet de sa femme, et que beaucoup d'autres Européens réservent manifestement à l'Allemagne : puisque maintenant nous l'avons, il faut bien nous efforcer de l'aimer…

7

LA SUISSE, L'ALLEMAGNE ET L'EUROPE

Les difficultés de repérage d'un Suisse de l'étranger

Bruno Schoch

CLÔTURE ET SINGULARITÉ

Tout le monde parle d'identité. Mais la question n'est pas simple, surtout s'il s'agit d'identité collective. Ma femme enseigne au collège, dans une ville d'environ 30 000 habitants, non loin de l'aéroport de Francfort. Depuis longtemps l'école allemande, du moins dans les régions fortement peuplées, n'est plus allemande. Les élèves, ou plus exactement leurs parents ou grands-parents, proviennent de tous les coins du monde – le multiculturalisme est une réalité, pas un label idéologique. Voilà quelques années, ma femme eut dans sa classe un certain Marc, fils d'une Suissesse mariée à un banquier allemand. Lors d'une petite fête de classe («nous autres, venus de tous les pays du monde»), les enfants racontaient toutes sortes d'anecdotes intéressantes et caractéristiques sur les pays dont leurs parents ou eux-mêmes étaient originaires ; ils en faisaient de petits sketchs. Mais comment caractériser et mettre en scène un Suisse ? Mon vieux bonnet à pointe fut l'instrument d'un prompt salut. Marc ne joua pas trop mal son rôle. Sa mère, cependant, me parut passablement indignée – elle ne venait pas d'Appenzell, mais de Genève ! Difficile d'imaginer moins de points communs qu'entre nous, bien que nous partagions la même nationalité. Voilà ce qui arrive lorsqu'on prétend définir des identités collectives.

Peut-être que cette non-identité est une expérience spécifiquement suisse. Notre petit pays, dans sa structure même, est multiple. L'esprit de clocher, le cantonalisme y sont proverbiaux. La complication de sa situation politique est parfaitement résumée par une blague qu'on raconte volontiers. Question :

«D'où viennent les enfants, en Suisse?» Réponse d'un élève:
«Ça dépend des cantons». On est très tôt familiarisé avec ce
mécanisme que Freud a qualifié de «narcissisme de la petite
différence». Plus les différences sont petites, plus on les souli-
gne. Se distinguer de ce qui nous est tout proche nous aide à
déterminer notre propre identité. Si quelqu'un réussissait dans
ses affaires à Herisau, on réagissait immédiatement, chez nous,
en disant: «Voilà bien les Rhodes Intérieures!».

Regarder comme étranger ce qui nous est propre: voilà qui
fait les frais des meilleures plaisanteries. Mais on ne tarde pas
non plus à expérimenter l'inverse. Qui ne se souvient, lorsqu'il
était enfant et qu'il apprenait à lire, de s'être creusé la tête à
déchiffrer les inscriptions et les interdictions rédigées en langue
étrangère, dans le train: «*Non sputtare sul pavimento*», etc. Ce
qui nous distingue, ce n'est pas la pluralité des langues en tant
que telle, c'est une réalité que nous apprennent et nous révèlent
nos parents et nos maîtres: il existe des gens qu'on ne comprend
pas, et qui sont des Suisses comme nous. Voilà l'étonnant. Que
l'étranger soit aussi ce qui nous est propre – cela constitue un
entraînement précoce, qui sait, à saluer la différence.

ATMOSPHÈRE DE RENOUVEAU

La fin des années 1960 fut, on le sait, une époque agitée.
L'Université de Bâle ne satisfaisait pas mes soifs estudiantines,
et la «théorie critique» ne tarda pas à exercer sur moi une force
d'attraction magique. Améliorer quelque peu mon allemand
écrit, cela ne pouvait nuire. C'est ainsi que je me rendis en
Allemagne pour un semestre ou deux, et que je connus bientôt
les bancs de la fameuse école de Francfort.

L'atmosphère de renouveau qui régnait là-bas me convenait
alors parfaitement. En Suisse, tout continuait son petit train-
train, mais ici, tout semblait en mouvement; de l'Université, où
il y avait beaucoup à apprendre, jusqu'à cette atmosphère anti-
autoritaire qui se diffusait partout. Tout cela était nouveau pour
moi, et terriblement excitant. Deux quotidiens supra-régionaux,
une série de grands éditeurs, la *Hessische Rundfunk*, un Institut

Sigmund Freud et l'Institut pour la Recherche en sciences sociales, avec son aura de légende – je fus bientôt fasciné par cette cité fébrile. Autre nouveauté totale pour moi, l'omniprésence de soldats américains, tout comme la maison IG-Farben, témoin visible de la terrible histoire allemande, où ils avaient leur quartier général. Là où je débarquai, on écoutait l'AFN, la radio américaine, elle diffusait une excellente musique.

A cette époque la politique allemande bougeait elle aussi. Il lui avait fallu vingt ans, mais elle s'apprêtait, avec l'Ostpolitik de Willy Brandt, à ne plus nier les réalités européennes, ni l'existence d'un deuxième Etat allemand, mais à les reconnaître. Non sans d'amères résistances : de Francfort à Bâle il n'y avait presque pas un pont d'autoroute où ne figurât pas l'inscription : «Brandt au poteau», ou «Action résistance». La politique pouvait avoir son moment existentiel, elle pouvait être en prise directe sur l'histoire et l'avenir : c'est ce qu'exprima le célèbre geste de Willy Brandt, lorsqu'à Varsovie il s'agenouilla. Tout cela me fascinait à l'extrême. Autre réalité tout à fait nouvelle pour moi : la vie en communauté, et les nombreux groupes de travail «critiques». Je nouai des amitiés, je m'engageai ; je me mariai, même, quoique cela ne fût pas à la mode.

A mes deux semestres s'en ajoutèrent d'autres, et finalement, je suis resté ici. Après mes études, j'ai trouvé un travail intéressant, qui me permet de m'occuper professionnellement des grandes questions de la politique, de l'Europe et de l'histoire. Même si l'atmosphère de renouveau s'est depuis longtemps dissipée, le travail, et la ville de Francfort demeurent captivants d'un point de vue intellectuel. Et l'on ne vit pas plus mal ici qu'ailleurs. Ainsi, depuis 1970, je suis un Suisse de l'étranger. Si l'on vit la plus grande partie de son existence hors du pays natal, est-on plutôt étranger ou plutôt Suisse ? Après tout, être assis entre deux chaises, ce n'est peut-être pas la plus mauvaise posture.

ÉMOTIONS ET IDENTIFICATIONS CONTRADICTOIRES

Celui qui vit des décennies en Allemagne n'en devient pas Allemand pour autant. Bien des sentiments qu'il emporte avec lui déclenchent, même après plus de trente ans, certains réflexes plus puissants que la raison ne voudrait l'avouer. Quelle est par exemple cette joie involontaire qui m'envahit lorsque nous gagnons une compétition de ski, ou, ce qui est assez rare, un match de football ? Et lorsqu'Oliver Neuville faisait partie de l'équipe nationale allemande, n'étions-nous pas un petit peu chez nous parmi les vainqueurs du championnat du monde ? A ce « nous » collectif s'attache quelque chose de mystérieux, même lorsqu'il ne surgit que devant le poste de télévision familial. Dans tous les cas, cet étrange sentiment d'identification ne laisse pas de trancher sur l'image qu'on se fait de soi : celle d'un intellectuel éclairé, critique, réfléchi, et qui s'occupe des *topoï* nationaux, lesquels ne sont en aucune manière organiques, mais socialement construits. La nation représente « une communauté politique imaginée – à la fois délimitée et souveraine » : telle est la définition devenue classique de Benedict Anderson. Cette définition a ouvert de nouvelles perspectives à la recherche sur le nationalisme. Bien sûr, il est facile de rire et de se moquer du caractère fictif et creux de ce « nous » – cela n'empêchera pas que la prochaine fois que « nous » perdrons un match, nous nous sentirons sans nul doute chatouillés par le dépit.

Néanmoins, mes sentiments, dans le domaine du sport, ne sont pas univoques. Depuis quelques années, il m'arrive d'aller au stade avec des amis, voir un match de football. On trouve là, toutes classes sociales confondues, un public multiculturel et bariolé, sans rapport avec le cliché qui, aux fans de football, associe l'alcool et les vociférations d'extrême-droite. Avec mes amis, je souffre que l'Eintracht Francfort, un des clubs traditionnels de la Bundesliga, ait été relégué – c'est pourquoi ces temps-ci, au Waldstadion, même si la métropole des banques concourt pour les Jeux Olympiques, on assiste à des parties contre Oberhausen ou Burghausen, au lieu que l'adversaire s'appelle Bayern Munich, Borussia Dortmund ou Schalke 04. Une misère qui me tourmente plus que la crise du FC Saint-Gall ou les exploits du FC Bâle. Signe d'une déshelvétisation galopante ?

D'un autre côté, je suis à deux doigts de devenir un nationaliste suisse. Dans mon pays natal, ce ne sont pas seulement les liaisons ferroviaires entre les grandes villes qui fonctionnent, c'est aussi le trafic local. Pour un Suisse, cela peut paraître aller de soi. Mais le Suisse ne connaît pas sa chance. Plus je circule en train, ici en Allemagne, plus mon cœur bat pour les SBB-CFF. Depuis trois ans, je ne me rends plus à mon travail en voiture, j'emprunte les transports publics. Le trajet jusqu'à la gare centrale de Francfort dure environ un quart d'heure. Que les wagons soient le plus souvent cradingues, que les freins grincent insupportablement, que les portent collent et que les toilettes soient en général hors d'usage, passe encore. Ce qui est plus grave, c'est que l'on ne peut pas se fier à ces trains. Ils ont toujours du retard, et il n'est pas rare qu'un convoi soit tout simplement supprimé. Cet automne, les journaux affirmaient que la faute en était imputable aux feuilles mortes déposées sur les rails. J'ai peine à le croire : il existe des trains depuis le 19e siècle, et des feuilles mortes depuis plus longtemps encore. « Départ prévu à… », dit l'annonce standard dans les gares allemandes. Cette formule ne cesse de sonner étrangement à mes oreilles. Mais j'ai fini par en comprendre le sens : les trains ne circulent pas selon ce que prévoit l'horaire. Un cliché veut que les Allemands soient particulièrement doués pour l'organisation : les trains le font mentir chaque jour. Oui, décidément, je me sens devenir un grand chauvin des CFF.

RÉFLEXES POLITIQUES OPPOSÉS

Qu'on le veuille ou non, certaines façons de voir ou certaines expériences du pays natal resurgissent aussi dans un contexte politique. Soudain l'on s'aperçoit qu'inopinément, involontairement, on se trouve à contre-courant. Aujourd'hui encore, par exemple, je n'arrive pas à comprendre l'émotion avec laquelle l'Allemagne s'intéresse aux vicissitudes des maisons royales. Les noms, les dates de naissance, les mariages, les scandales et les microscandales des cours princières me laissent froid. Je suis irrité, pour ne pas dire révolté que des amis – et ma femme – se passionnent pour ça. Ce comportement trahirait-il une secrète nostalgie monarchique ? Ou bien est-ce que mon républicanisme antimonarchique, avec son pathos de l'égalité, m'est devenu comme une seconde nature ?

La partition de certains Etats multinationaux a également provoqué des réactions contrastées, avant toute réflexion. Ici, en Allemagne, le réflexe partagé fut qu'avec toutes ces ethnies différentes, cela ne pouvait pas marcher. Moi j'éprouve un réflexe tout opposé, et je demande : pourquoi cela ne marcherait-il pas ? Pourquoi l'égalité politique de tous les citoyens ne pour-rait-elle exister par elle-même, sans se fonder sur une ressem-blance ethnique, religieuse, ou tout ce qu'on voudra ? Voilà, ce sont des arrière-fonds différents. Notre propre pays nous fournit une mesure, qu'on le veuille ou non.

De manière générale, le dialogue sur le thème de la *nationa-lité*, entre un Suisse et un Allemand, rencontre assez vite un butoir. L'Allemand ne cesse de demander au Suisse en quoi consiste *au juste* son appartenance nationale. Cette question se heurte à l'incompréhension de l'Helvète. En quoi consiste *au juste* ma nationalité ? Le Suisse, buté, va généralement indiquer la commune dont il est originaire, celle où il vote, et son canton. En Allemagne, la nationalité signifie bien plus que la simple appartenance à un Etat (*Staatsangehörikeit*, *nationalité*, *nazio-nalità*, comme il est écrit chez nous sur les passeports). La natio-nalité est un groupe défini par la langue ou l'ethnie – le « groupe ethnique », comme on disait avant que le terme ne soit conta-miné par la politique de discrimination et d'épuration. L'équivoque renvoie à des conceptions opposées (et lourdes de conséquences) de la nation.

Les différences spécifiques se manifestent aussi quand il s'agit des petits Etats et de leur besoin d'être protégés. Assurément, l'an-nexion du Koweit par l'Irak peut être comprise comme une querelle entre autocraties, dont l'une ne vaut pas beaucoup mieux que l'autre. Mais en même temps, il existe quelque chose comme un réflexe du petit Etat : la révolte spontanée contre le fait qu'un Etat de cette nature soit attaqué et annexé par un plus grand, et la conviction que cela ne saurait rester impuni. Est-ce que je me trompe, ou bien n'est-ce pas pour cela que la critique si violente contre la politique extérieure américaine, lorsqu'elle s'exprime en Suisse, n'a pas les nuances et les demi-teintes qu'elle peut avoir en Allemagne ? J'ai déjà eu cette impression lors de la seconde guerre du Golfe. Les réactions en Suisse se distinguèrent des autres, et ressemblèrent à celle de la Hollande, d'où la protestation contre le renforcement de la puissance militaire de l'OTAN était partie jadis – on avait alors parlé de «Hollandite». Et ce n'est certainement pas un hasard si des figures de la gauche suisse et des mouvements pour la paix ont appuyé l'intervention au Kosovo, bien que l'OTAN ait alors manifestement violé le droit international en recourant à la force sans l'aval de l'ONU.

DIALECTE EN CONSERVE

Plus je travaille et vis dans ce pays, plus ce que j'ai d'helvétique se coagule en expérience d'enfance et de jeunesse. Comment pourrait-il en aller autrement, lorsque le train-train quotidien, les expériences de chaque jour et les moments répétitifs de la vie ont lieu depuis longtemps dans un contexte allemand ? En 1883, Ernest Renan, dans sa définition souvent citée de la nation, a décrit cette imprégnation de la conscience commune comme un «plébiscite de tous les jours»; on l'a souvent mal compris, comme si Renan comparait la nation à n'importe quel objet qu'on aurait choisi, où l'on pourrait entrer et d'où l'on pourrait sortir à sa fantaisie. «L'existence d'une nation est (pardonnez-moi cette métaphore) un plébiscite de tous les jours, comme l'existence de l'individu est une affirmation perpétuelle de vie.» Dans notre monde universellement médiatisé, les réalités communes débordent largement les limites de notre conscience. Nous ne sommes pas seulement imprégnés par la langue et les habitudes quotidiennes, nous sommes constitués par elles. Plus les événements de ma vie, et ses expériences, s'installent dans un contexte allemand, plus la Suisse s'éloigne de ma quotidienneté, de mon horizon.

Cela vaut même pour le dialecte. Je n'y recours que rarement. Parfois, en discutant avec des amis de Francfort, qui sont aussi originaires de Suisse, nous continuons à parler haut-alle-mand alors même qu'aucune tierce personne n'est présente. L'un de nous en fait bientôt la remarque, et nous passons au dialecte. Le dialecte, on ne l'oublie pas. Mais il n'évolue pas non plus. Au contraire. Ainsi arrive-t-il parfois qu'un des rares amis que je garde en Suisse se mette brusquement à rire ou à sourire à propos d'un mot que j'ai utilisé. Il ne l'a plus entendu depuis sa jeunesse, il lui paraît venir d'un autre monde. De tels anachro-nismes ne le sont pas pour moi, car mon dialecte, comme le disent les linguistes, s'est fossilisé. Il n'est plus utilisé jour après jour, il est mis en conserve.

Récemment, mon frère m'a envoyé un questionnaire sur Internet : on doit indiquer par une croix si tels ou tels mots nous apparaissent corrects, selon notre sentiment du dialecte. Ensuite, l'ordinateur va nous dire de quelle commune on est originaire. Le résultat, pour moi, fut surprenant : Urnäsch. Ça ne colle pas, j'ai grandi à Herisau, et mon instituteur accordait une grande importance à l'usage du dialecte. Néanmoins l'ordinateur avait raison : ma mère est originaire d'Urnäsch. Comme depuis trois décennies je recours rarement au dialecte, non seulement il ne se polit plus, mais il s'atrophie pour devenir, au sens littéral du terme, une langue maternelle. Je vois déjà venir le jour où des linguistes vont débarquer ici avec leur enregistreur, intéressés par des expressions et des tournures disparues, comme ils le font auprès des Allemands de Russie ou des Huttériens des USA.

Preuve que la distance est plus importante que l'écart tempo-rel. Ce n'est pas seulement que mes attaches suisses sont disten-dues : je suis reconduit au lieu précis de mes souvenirs d'enfance et de jeunesse. Avec le risque inévitable que tout soit placé sous une lumière idéalisée, donc trompeuse. Je dois prendre garde, sinon ma Suisse va se rapprocher de l'idylle de carte postale. Cela dit, ces régressions ne vont guère au-delà du désir de Brögeli, de Schöggeli, de Bratwurst ou de cervelas rôti sur le gril, et naturellement de marrons chauds. Or il faut bien l'avouer, ce ne sont pas seulement là des souvenirs d'enfance, mais d'authentiques délices.

ASSIMILATIONS LINGUISTIQUES ET ÉMOTIONNELLES

Le temps passant, j'ai peu à peu apprivoisé la Hesse du sud. Pas seulement à cause de l'atmosphère de renouveau que j'évoquais plus haut, et de la fascination pour ces traditions intellectuelles qui m'apparaissent inséparables de Francfort. D'ailleurs, on ne peut que difficilement les cerner; l'expression de « Suhrkamp-Kultur » n'est pas à la mesure du phénomène, dont on peut se faire une idée si l'on écoute la conférence de Theodor W. Adorno: « Que signifie se mettre au clair avec son passé ? ». Ce texte remonte à 1960, et fait partie d'un livre-audio de quatre cassettes contenant des discours et des entretiens d'Adorno. Mais si la Hesse du sud m'est si proche, c'est aussi une affaire d'émotion. Chaque fois que nous revenons de vacances, je suis heureux de pouvoir à nouveau capter la *Hessische Rundfunk*. Et mon premier coup d'œil sur la ligne des gratte-ciel de Francfort me procure un sentiment semblable.

Cela dit, je ne me cache pas que la couleur de la langue de cette région garde pour moi un certain mystère. En outre, cette langue est plus qu'un idiome. De même que l'esprit bâlois a ses particularités, et qu'on parle du sens appenzellois de la répartie, il y a quelque chose comme un humour de la Hesse du sud, qui consiste, si je ne me trompe, dans le sous-entendu, avec une bonne dose d'auto-ironie. Il y a quelques années je skiais avec des amis dans les Dolomites. Un matin, il neigea de manière si dense que l'on pouvait à peine y voir. Nous n'avons pas tardé à être trempés. Au sommet du téléski, nous avons déniché une cabane où nous sécher un peu, et boire un cappuccino. A côté du poêle en faïence, à la table voisine, trois jeunes hommes étaient assis, ils bavardaient. A l'évidence, ils venaient de Darmstadt. Un de mes amis qui vit à Oldenburg, mais qui est originaire de Francfort, commença à blaguer et à déblatérer avec eux. Lorsque le ciel se dégagea et qu'il cessa de neiger, on vit, juste devant la cabane, la trace étroite d'une chenillette à neige. Les trois jeunes gens partirent, nous pouvions les observer depuis la cabane. Ils ne savaient pas du tout skier, la trace de la chenillette était trop étroite pour eux, ils titubaient à droite et à gauche dans la neige fraîche, ils nous faisaient rire. Peu après, nous sommes partis à notre tour. Nous élançant l'un derrière l'autre, nous rejoignîmes les trois bonshommes de neige qui, près d'une étable, s'attendaient les uns les autres. L'un d'eux se tourna vers nous, avec cette remarque laconique : « Eh bien quoi ? Pour nous, aucun problème. »

Lorsque, voilà deux ans, j'accompagnai la quatrième classe de ma femme à Obersdorf dans l'Allgäu, en tant que « spécialiste de la montagne » et surveillant supplémentaire, nous avons rencontré dans le bus un promeneur qui par hasard venait du village voisin. Il avait identifié les enfants à leur dialecte et prétendait le connaître exactement. Finalement, il fit cette remarque à ma femme, qui, elle, est vraiment d'ici : « Chez vous, on ne le remarque pas, mais chez votre mari, il s'entend. » Manifestement, ce que je tiens pour le haut-allemand a pris chez moi depuis longtemps une coloration hessoise, on ne peut s'y tromper. Eh bien soit : après tout, c'est quand même la langue de Goethe.

PAS DE SIMULTANÉITÉ HISTORIQUE ET POLITIQUE

Il existe dans l'histoire de remarquables coïncidences. C'est précisément l'année des célébrations du bicentenaire de la Révolution française qu'est tombé le mur de Berlin ; c'est encore cette année qu'éclata le camp soviétique et que s'écroula le socialisme réel. Durant le même *annus mirabilis*, une crise d'identité *sui generis*, qui depuis longtemps se dessinait en Suisse, atteignit sa plus grande intensité. Au début de 1989, la première conseillère fédérale suisse dut quitter son poste, lorsqu'il fut révélé que la ministre de la justice avait passé un coup de téléphone à son mari pour l'avertir de l'imminence d'une procédure d'enquête contre lui ; l'une de ses sociétés financières était soupçonnée de blanchiment d'argent. Ce n'était, comme on dit, que la pointe de l'iceberg. Dans le contexte de cette affaire, la commission d'enquête parlementaire fit de tout autres découvertes. En novembre 1989, elle rendit publique l'affaire des fiches : des fouineurs de la police fédérale, durant des décennies, avaient espionné près d'un million de Suisses et d'étrangers, et tout enregistré sur des fiches, jusqu'aux moindres détails. Peu après se dévoila l'existence d'une espèce d'armée souterraine, qui durant des années, hors de tout contrôle parlementaire, mais avec l'aide du savoir et de l'argent de la haute hiérarchie militaire, s'était préparée à toute éventualité politique. Dans l'ombre de la confrontation internationale des systèmes, la Suisse démocratique avait manifestement et copieusement violé les principes de l'Etat de droit, à un degré qu'on ne pouvait se figurer. Cela fit beaucoup de vagues, la confiance dans les autorités politiques en fut ébranlée.

Cependant, la perspective et la perception des événements de cette année-charnière, 1989, pouvaient difficilement être plus différentes, d'un pays à l'autre. L'Allemagne, devant les dramatiques événements de l'Est, retenait son souffle. Après l'ouverture du Mur, qui occasionna d'interminables festivités, ce fut la fin de la RDA, la « réunification », puis la dissolution du Pacte de Varsovie et finalement l'effondrement de l'Union soviétique. Durant des décennies, le monde avait été irrévocablement placé sous l'épée de Damoclès de la dissuasion nucléaire. Et tout cela s'écroulait soudain comme un château de cartes. Sans crier gare, disparaissait tout ce qui, durant des dizaines d'années, avait marqué au fer la conscience et les réalités politiques de l'Europe. On se trouvait au centre de bouleversements qui révolutionnaient l'histoire mondiale. La fin du deuxième Etat allemand, et de manière générale tout ce qui touchait à l'Allemagne, était étroitement lié à l'implosion du socialisme réel en Union soviétique. Une époque entière trouvait ici sa fin.

La Suisse, elle, était tout occupée par son affaire des fiches. J'avais quelque peine à comprendre ça. Il n'était pas facile de communiquer avec mes amis suisses, notre attention politique ne se portait pas sur les mêmes choses. Je ne pouvais me défaire du sentiment que cette affaire des fiches, carrément fantomatique, témoignait d'un nombrilisme obsessionnel, alors que partout les paramètres du pouvoir et l'interprétation même de la politique internationale étaient bouleversés de fond en comble.

Lorsque la *Wochenzeitung*, avec bon nombre d'intellectuels critiques de Suisse, appela au boycott du 700e anniversaire de la Confédération et à la grève de la culture, je n'y compris plus grand-chose. Le socialisme réel, le bloc de l'Est et l'Union soviétique tombaient en morceaux, l'Union européenne créait son marché intérieur, la République fédérale et la RDA se réunissaient – et les Suisses se battaient sur Guillaume Tell et le serment du Rütli. Les uns voulaient faire la fête, et les autres, ostensiblement, ne le voulaient pas. Cela ne se pouvait.

La césure majeure de 1989 a changé notre regard sur nous-mêmes. On a débusqué plus impitoyablement les orthodoxies, y compris dans la gauche intellectuelle, supposée inorthodoxe. J'ai eu raison de me fâcher contre la formule : « 700 ans, ça suffit ». Cette formule ne m'apparaissait ni critique ni de gauche, mais infantile. Ne serait-il pas temps de prendre conscience que le provincialisme de gauche, qu'il le veuille ou non, a ouvert la porte aux défenseurs populistes de la patrie ? Le fameux discours de Dürrenmatt, sur la Suisse-prison, était non seulement outrancier mais déplacé – surtout face à Vaclav Havel – cela manquait totalement de sens des proportions. Critiquer les médiocres légendes d'un pays immuable, y voir les produits de la falsification nationale de l'histoire, c'est une chose ; c'en est une autre que de souhaiter, puérilement, descendre du train de son propre pays. Celui qui agit ainsi ne doit pas s'étonner si les autres vont en tirer profit et mobiliser, contre l'Europe, les vieux mythes.

Il faut ajouter que la renaissance de l'ethnonationalisme, consécutif à la « réunification » allemande comme à l'éclatement de la Yougoslavie, de l'Union soviétique et de la Tchécoslovaquie, projetait sur la Suisse une lumière différente. Je me suis surpris à tomber en parfait accord avec le libéral conservateur Ralf Dahrendorf : en Suisse, disait-il, l'observateur de bonne volonté se pose une question : « Ceux qui trouvent que "700 ans, ça suffit", qu'est-ce qui leur suffit au juste ? » Et Dahrendorf de mettre en valeur, contre le délire d'homogénéité ethnique qui se manifeste un peu partout, l'idée de nation citoyenne : « Le contraire de la nation ethnique, c'est l'Etat national hétérogène. Telle est la conquête du 19e siècle. Dans l'Etat national hétérogène, les différents groupes ethniques, religieux et culturels jouissent des mêmes droits civiques. Sur le sol commun de la citoyenneté peuvent fleurir toutes les différences, sans que cela mette en danger le contrat fondamental. Les plus anciennes démocraties – la Suisse, l'Angleterre, les Etats-Unis d'Amérique – en donnent de convaincants exemples. Ou bien faut-il aujourd'hui mettre ces exemples au passé ? » Il ne s'éleva pas beaucoup de protestations en Suisse lorsque la troïka de l'Union européenne, en Bosnie, présenta ses plans de séparation ethnique comme des plans de « cantonalisation ».

L'EUROPE AVANCE, LA SUISSE REGARDE

L'Europe, depuis toujours, est un concept difficile. La géographie échoue à la déterminer de manière exacte, si bien que la politique et l'idéologie viennent le plus souvent y mettre leur grain de sel. Winston Churchill, dans son célèbre discours zurichois du 19 septembre 1946, recommanda l'union politique comme un « remède » à l'Europe détruite, afin que « tout soit transformé comme par miracle, et qu'en peu d'années toute l'Europe, ou la plus grande partie de l'Europe soit libre et heureuse, comme la Suisse l'est aujourd'hui ». Il se référait bien entendu à l'Europe continentale. La Grande-Bretagne n'était pas concernée. Il y avait là davantage que la suffisance traditionnelle du conservateur britannique ; après tout, à l'époque, la moitié du monde appartenait encore à l'Empire. Les Anglais qui passent leurs vacances en France ou en Suisse, aujourd'hui encore, disent qu'ils se rendent « en Europe ». Mais désormais, il ne fait guère de doute que l'île appartient au continent. La plupart des conservateurs l'ont eux-mêmes admis, et cela n'est pas rien. Mais qu'en est-il de l'heureux modèle invoqué jadis par Churchill ? Géographiquement, il n'y a rien à redire, la Suisse n'est entourée par aucune mer et appartient sans conteste à l'Europe. Mais ce n'est qu'un aspect des choses. Politiquement, on cultive sa réserve avec coquetterie, et l'on vante son « Sonderfall ».

Le 6 décembre 1992, les cantons et le peuple refusèrent de fouler le tapis rouge que l'Union européenne avait déroulé pour les pays de la défunte AELE, sous le nom d'Espace Economique Européen. Cet espace aurait permis à la Suisse de garder sa souveraineté, afin de se décider plus tard à devenir membre de l'Union. Le peuple ne l'a pas voulu. Le fossé souvent évoqué, entre les Suisses allemands et les Suisses romands, se creusa de manière alarmante.

Celui qui suivait de loin les débats sur ce scrutin ne pouvait qu'être irrité par cette coalition des *Neinsager* et des critiques de l'Union européenne, coalition politiquement contradictoire, et qui dégageait des relents suspects: des idéologues du Sonderfall, des démagogues populistes, des nostalgiques du hérisson national, des représentants de la gauche partisans de la démocratie directe, des Verts nostalgiques d'une idylle à la Seldwyla, qui ne voulaient pas être dérangés dans leur rêve d'une Suisse insulaire, comme si l'Europe n'avait pas été bouleversée en profondeur, et depuis longtemps.

La légende de la singularité confédérée a la vie dure. On la raconte dans les écoles, non sans succès, depuis des temps immémoriaux, c'est un lieu commun de tables de bistrot et de discours du 1er août. Après que la Suisse a été épargnée dans les deux guerres mondiales, la neutralité armée et la souveraineté nationale furent élevées dans un empyrée intouchable. La défaite a ses lois, mais aussi le succès. Celui qui échoue est obligé d'apprendre, celui qui a eu raison n'apprend rien. Jean-Rodolphe de Salis disait qu'être épargné, c'est être lésé. A l'ombre du conflit est-ouest, dans les décennies du boom d'après-guerre (Erich J. Hobsbawm a parlé d'un «âge d'or») la Suisse n'a cessé de dorloter ses mythes et ses légendes. Du coup, elle n'a pu prendre conscience de la vitesse à laquelle le monde changeait autour d'elle. Nos certitudes politiques héritées glissaient toujours plus loin dans la fiction. Le dimanche noir de 1992 fut le solde de tous ces comptes. Furieux contre le résultat du vote, je proclamai du coup mon adhésion à l'Union européenne. Une protestation ridicule, certes, dont l'effet est nul. Mais voilà, j'en avais envie.

Si j'interprète correctement les derniers signaux venus de Washington, l'Europe se trouve maintenant devant l'immense défi de redéfinir son rôle dans la politique internationale, et sa conception de l'ordre politique mondial. La Suisse pourrait, d'une manière ou d'une autre, y contribuer. Mais pour cela, il faudrait qu'elle en finisse avec la mentalité du hérisson et qu'elle modernise en toute clarté sa manière traditionnelle de se concevoir. Le lendemain du vote sur l'ONU, une collègue m'a félicité sans la moindre ironie que la Suisse, désormais, appartienne elle aussi à la communauté des Etats. Peut-être que cela va nous aider à nous défaire de notre vaniteux «Sonderfall».

STÉRÉOTYPES DE L'ALLEMAGNE

Depuis que ce Sonderfall est mis à mal aux yeux du monde entier, nos légendes héroïques ne sont plus des planches de salut. C'est pourquoi Adolf Muschg formulait la même exigence que ses collègues de l'Europe de l'Est: «Pour sortir de la crise actuelle, il n'existe qu'un seul chemin, l'Europe.» Cette phrase ne manqua pas d'être citée dans cet inénarrable placard de l'UDC qui assimilait Muschg à un Jakob Schaffner devenu pronazi, et l'accusait de collaboration avec l'Allemagne. La démagogie anti-européenne, pour être efficace, doit s'associer au ressentiment anti-allemand. C'est pourquoi, et sauf erreur, le chemin suisse du «retour à l'Europe» passe par l'Allemagne. Il exige des Suisses allemands qu'ils remettent en question leur manière confortable et négative de se démarquer des Allemands – qui leur sont si proches par les liens commerciaux, les émetteurs de télévision, et, à tout le moins, la langue écrite. L'image stéréotypée de l'Allemagne est peut-être le dernier verrou qui nous ferme la porte de l'Europe.

Immédiatement après la fin de la guerre, le célèbre théologien Karl Barth écrivit que «nous ne pouvons plus être Suisses sans engager, coûte que coûte, un débat avec les Allemands». Peter Bichsel a dit un jour que les Allemands étaient les plus épatants des Suisses, parce qu'ils acceptaient que soient projetées sur eux toutes les caractéristiques négatives dont les Suisses allemands sont mécontents. Pour ce qui me concerne, je tente de faire mienne cette parole de Max Horkheimer : « Il est barbare de traiter un homme a priori, non comme un individu, comme une personne, mais de façon générale, essentialiste, comme un Allemand, un Nègre, un Juif, un étranger ou un Welsche, avant toute expérience, en considérant qu'il ne vaut pas pour lui-même. » Ou, plus simplement, et pour le dire à la manière berlinoise de ma belle-mère : « Il y a du bon et du mauvais partout. » Avec cette devise, la vie devient possible, et pas seulement dans son petit coin.

Je me souviens que dans notre enfance nous dessinions volontiers des cercles concentriques pour indiquer notre adresse, afin de nous y retrouver sur ce globe terrestre : « Bruno Schoch, Wilen, Herisau, Rhodes Extérieures, canton d'Appenzell, Suisse, Europe, Monde. » L'un ou l'autre de ces lieux s'est déplacé depuis. Il reste difficile de trouver sa propre appartenance, sa propre identité.

8

PROPRE EN ORDRE
ET D'UNE ABSOLUE RADICALITÉ

Roger de Weck

«Attention, voici un texte patriotique. Et prenez garde, il va commencer par une longue phrase»… je méditais vaguement ces formules en guise de réponse à tous ceux qui regardent mon pays de haut, du haut du Nord, et qui, dès qu'il est question de quelque chose de Suisse, accrochent un diminutif à un mot sur deux, du *Fränkli* au *Bergli*, et cela jusqu'à satiété, avec ce «li» qui semble apparaître plus souvent dans la bouche des Allemands que des indigènes. Sans parler du fait que ces derniers, en nombre respectable, parlent français ou italien, deux langues dans lesquelles le «li» apparaît aussi rarement qu'en albanais, un idiome immigré, plus usité en Suisse que le rhéto-romanche, lequel est d'ailleurs divisé en cinq dialectes, à savoir le sutselvisch (Domleschg et Schamsertal), le surselvisch (Vorderrheintal), le surmiran (Tiefencastel, vallée de l'Albula, Oberalpstein), le puter (Haute-Engadine sans Zernez) et le valla-der (Zernez, Basse-Engadine et vallée de Münster) – encore que dans la vallée de Münster, le vallader puisse être considéré dans certains cas comme un sixième dialecte. A la fin de cette longue phrase, nous sommes au début du problème. La Suisse est compliquée.

Celui qui veut la comprendre ne doit pas reculer devant la dépense. Mais la plupart des visiteurs ont moins de temps que d'argent ; or le temps est ce qu'il faut dépenser pour comprendre un modèle rebelle à tous les modèles. Il est plus long d'expliquer la Suisse que de la traverser, même lorsqu'il y a des bouchons sur la route du Gothard. Ainsi les voyageurs se satisfont des apparences, qui sont belles, et qui ont reçu leur relief de Dieu – lequel est invoqué dans la Constitution suisse.

Avec ce pays de montagnes, il arrive la même chose que dans ces proverbiales auberges espagnoles où les hôtes ne trouvent que ce qu'ils apportent : les conservateurs Allemands voient en Suisse la persistance des traditions, les Verts admirent les progrès en matière de transports, les libéraux n'ont d'yeux que pour le libre marché du travail, la gauche est intéressée par une prévoyance sociale modèle. Et l'extrême gauche regarde en arrière, elle pense à l'époque zurichoise de Lénine, ou à la Confédération rebelle du 19ᵉ siècle, qui offrit un asile aux révolutionnaires de 1830 et 1848, ce dont elle tira grand profit car il s'agissait de l'élite intellectuelle de l'Europe. Et voilà, dès la quarantième ligne de ce texte, nous en arrivons déjà à l'égoïsme suisse ; ça va être le tour du secret bancaire.

Tout le monde en tombe d'accord, la gauche et le reste : il s'agit d'un peuple intéressé et têtu, pour autant que les Suissesses et les Suisses – la double désignation, au féminin et au masculin, est obligatoire ici – constituent vraiment un peuple. Une nation, non. A moins que, selon la sympathique formule, les Suissesses et les Suisses n'aient inventé la « *Willensnation* », la « nation de la volonté » – les Suisses, à vrai dire, bien avant les Suissesses, qui durent attendre 1971 pour dire leur mot dans les affaires fédérales. Néanmoins, la « nation de la volonté » est un concept aussi exsangue que le patriotisme constitutionnel en Allemagne fédérale. Ce qui a fait tenir ensemble si longtemps et sans chaînes ce monde appelé Suisse, ce doit être autre chose.

Après de nombreuses, très nombreuses guerres civiles – l'histoire de mes ancêtres dégoutte de sang – les Suisses arrêtèrent, en 1848, de se rosser mutuellement. En lieu et place, ils métamorphosèrent leur alliance d'Etats, qui était encore plus chaotique que l'Union européenne, en un Etat fédéral, un modèle pour l'Europe, si seulement la Suisse en était membre, ce que l'auteur de ces lignes pense voir de son vivant, car il espère durer sur cette terre encore trois décennies.

Lorsque la paix fut établie dans la Confédération, il apparut que les Suisses avaient acquis un brin de sagesse ; ils furent assez intelligents pour concevoir leurs institutions de manière à ne pas léser les minorités. Dès lors, la Suisse latine fournit, bien au-delà de ce que devrait lui valoir le nombre de ses habitants, deux à trois des sept conseillers fédéraux, lesquels conseillers administrent le pays plus qu'ils ne le gouvernent. Qu'ils soient grands ou petits, tous les cantons envoient deux députés à la chambre haute du Parlement, le Conseil des Etats. Cela fait office de compensation, c'est la sagesse. Le reste est affaire de chance.

Au travers de la Suisse, cependant, passent d'innombrables lignes de partage : entre les cantons et à l'intérieur des cantons ; entre les quatre groupes linguistiques ; entre les régions catholiques et protestantes ; entre les contrées libérales et conservatrices ; entre les régions riches et pauvres (il en existe aussi). La chance, c'est alors que les lignes de séparation suivent des tracés confus ; partout, c'est la pagaille.

Dans mon canton d'origine, Fribourg, on trouve :

1. Une majorité francophone, catholique, conservatrice.
2. Une minorité francophone, catholique, libérale.
3. Une minorité francophone, protestante, libérale.
4. Une minorité francophone, protestante, conservatrice.
5. Une minorité germanophone, catholique, conservatrice.
6. Une minorité germanophone, catholique, libérale.
7. Une minorité germanophone, protestante, libérale.
8. Une minorité germanophone, protestante, conservatrice.

Et encore, pour donner une idée de la situation d'une population inférieure à 240 000 âmes, j'ai procédé à de grossières simplifications. Le lecteur pourra trouver, en outre, qu'elles ne rendent pas sa lecture des plus fluides. Mais justement, c'est ainsi que nous fonctionnons, nous autres Suisses, nous ne sommes pas des champions de la fluidité. Parfois ce qui prédomine est la solidarité du groupe linguistique ; parfois, c'est une autre appartenance, cantonale, confessionnelle, partisane, régionale. Les critères changent et les coalitions aussi. C'est pourquoi l'on observe rarement, au contraire de ce qui se passe en Belgique par exemple, des affrontements durables entre régions. Mais si cela se produit, malheur à nous !

S'il arrive exceptionnellement que deux ou trois lignes de partage se recouvrent, la fêlure devient déchirure et la déchirure devient fossé, puis c'est la naissance d'un front séparatiste, comme ce fut le cas pour le front de libération jurassien, qui voulut séparer le Jura francophone, catholique et pauvre, du canton de Berne, germanophone, protestant et riche, jusqu'à ce que cette séparation, après de longs désordres et quelques attentats à l'explosif sans effusion de sang, se produise effectivement, en 1978. Il en sortit un canton du Jura tout neuf, et tout rentra dans le plus bel ordre. Sinon que dans le sud de la région, la minorité des Jurassiens francophones, protestants et riches, resta rattachée au canton de Berne, ce qui provoque l'irritation des Jurassiens francophones, catholiques et pauvres. Vous me suivez? Telle est notre statique commune, «*nossa chaussa communable*», comme diraient les rhétoromanches, «notre chose publique». Chacun a déjà fait alliance avec chacun et combattu chacun. Comme on doit tous vivre ensemble, on est tous égaux, l'ambition sociale est absente: le pays le plus égalitaire du monde, c'est la Suisse. Un tissu indéchirable, parce que tout est emmêlé à tout. Les uns y voient de la stabilité, d'autres de la rigidité. Les uns et les autres ont un peu raison, donc ils ont aussi tort, un petit peu.

Car cette Suisse solidement établie a su se renouveler plus vite que tous ses voisins, en dépit (ou plutôt à cause) du fait que les citoyennes et les citoyens y ont le dernier mot. Parce que ce n'est pas le Parlement, mais eux qui décident, rien ne bouge dans beaucoup de domaines, en particulier sur la question cruciale de l'adhésion à l'Union européenne. Les Suisses allemands préféreraient que l'Union européenne adhère à la Suisse. Si les choses obéissaient aux vœux des Suisses romands, nous serions depuis longtemps dans l'Europe.

Parlons un peu de cette démocratie directe, que pratiquent les Suisses depuis 1874, lorsqu'ils en vinrent à la conclusion qu'ils voulaient avoir plus de choses à dire dans leur Etat fédéral. C'était alors moderne. Tôt ou tard les autres démocraties, excessivement parlementaires, en viendront à renforcer ce gouvernement direct. La société ouest-européenne a entre-temps acquis un degré de maturité qui interdit au citoyen de laisser la quasi-totalité des décisions à ceux qu'on appelle représentants du peuple, et qui sont repris en main par les chefs de parti dès lors qu'ils s'accordent le luxe d'une opinion personnelle. Combien de temps encore les Européens du 21e siècle vont-ils se laisser humilier ? Si vous, honorable lecteur, vous lisez dans un journal suisse que sur telle ou telle question, « le souverain » a tranché, sachez que c'est le peuple qui est ainsi désigné – un peuple qui connaît son pouvoir et qui se montre allergique à toute tentative de lui porter atteinte.

Les habituelles mises en garde contre le danger de la démo-cratie directe – par exemple, les Allemands pourraient réintro-duire la peine de mort – sont aussi obtuses que la Pointe Dufour est pointue, 4634 mètres au-dessus de la mer, le plus haut sommet de Suisse. Dans la Confédération, une poignée d'extré-mistes de droite a exigé un jour qu'on se remette à guillotiner, à fusiller ou à pendre. Leur initiative populaire est morte avant même de naître. Ils ne réussirent même pas à réunir quelques milliers des cent mille signatures nécessaires. Parce que la démocratie directe a été la plus forte : c'est une chose que de dire au café du commerce qu'il faut éliminer les criminels. C'est autre chose de décider par son bulletin de vote que l'on va faire passer des individus de vie à trépas.

Le citoyen suisse ne prend pas des décisions plus bêtes que le député du Bundestag allemand. C'est l'avantage de la démo-cratie directe : le niveau de connaissances des 30 à 40 pour cent de Suissesses et de Suisses qui vont régulièrement voter sur les projets les plus divers est aussi bon que celui des parlementaires.

Puisque nous parlons des personnes, il nous faut *en passant* (les Suisses allemands aiment entrelarder d'expressions françai-ses leur « allemand écrit », et il existe de remarquables écrivains qui maîtrisent à la perfection l'« allemand écrit », mais pas le haut-allemand), il nous faut, donc, en venir au sujet Christoph Blocher, l'homme fort de l'Union démocratique du centre (UDC), le « Jörg Haider de la Suisse » – mais bêtement, Blocher est plus intelligent que le raseur autrichien. Il nous faut attirer l'attention sur Blocher, le populiste de droite, l'anti-européen, l'entrepreneur qui réussit, le milliardaire, avec ses amis Martin Ebner, un boursicoteur naguère redouté mais aujourd'hui déchu, et Walter Frey, grand importateur automobile, et longtemps patron de l'UDC.

Même après le krach boursier, Blocher doit bien être milliardaire en francs, et il utilise pour la politique une part considérable de ce pactole. Son parti a de l'argent, de l'argent et encore de l'argent, son marketing est aussi professionnel et provocant que celui de Benetton. Nulle part au monde d'aussi gros moyens ne sont mis en œuvre pour travailler un peuple aussi petit. Un phénomène inquiétant, résolument non démocratique, qui rejette dans l'ombre même la puissance médiatique du voisin Silvio Berlusconi. Avec les moyens les plus modernes, le flambeur milanais et l'escamoteur zurichois représentent l'antimodernité, et cela fait leur succès. Cependant, Berlusconi dépense moins d'argent par tête d'Italien que Blocher par tête de Suisse.

Les Suisses, là encore, gardent la mesure. Ils n'ont accepté aucune initiative populaire xénophobe. Malgré le puissant tir de barrage de Blocher, ils ont confirmé la loi anti-raciste, dont l'efficacité est d'autant plus grande qu'elle a été décidée par le peuple : le citoyen s'est obligé lui-même. Et l'UDC ? Elle est en progression, c'est vrai. Mais dans les gouvernements cantonaux, elle est manifestement sous-représentée. C'est un parti protestataire, dont on n'attend guère qu'il soit aux responsabilités. Les Confédérés sont unanimes dans le souci et virtuoses dans l'art de limiter le pouvoir. C'est aussi cela qui fait la cohésion de ce pays.

Finissons sur Blocher. Poursuivons notre propos. Nous ne voulons pas jubiler avec la presse allemande qui décrit volontiers une Suisse de carte postale afin de mieux annoncer, avec une contrition réjouie, que tout n'est pas aussi beau que sur la carte postale. La débâcle de Swissair fut pour elle une jouissance.

En Suisse, en revanche, la tristesse fut grande : le banquier privé genevois et la paysanne de montagne appenzelloise n'ont pas tant de choses en commun que la survie de Swissair soit sans importance. Ce pays hétérogène a toujours l'angoisse de ne plus être. Il a besoin de symboles d'appartenance. Il a ses montagnes, il a sa longue histoire (qui n'a pas été toujours aussi commune

112

qu'on le pense ; les premiers cantons, Uri, Schwytz et Unterwald s'allièrent en 1291, mais ce n'est qu'en 1857 que le roi de Prusse renonça à ses droits sur le canton de Neuchâtel) ; il a sa démocratie directe (qui doit se resituer dans la globalisation, car un peuple ne peut plus y décider de toutes choses pour lui seul) ; il a sa fierté citoyenne (qui parfois le cède à l'ivresse du consommateur) ; il a son sens puissant de l'égalité et de l'égalitarisme (qui a succombé au néolibéralisme, puis s'est relevé) ; il a son bien-être (qui est récent), les multinationales de style Nestlé (seuls deux des huit membres de son conseil d'administration sont Suisses) ; il a son Comité International de la Croix-Rouge. Il a tout cela, mais la Suisse continue d'avoir besoin d'autres emblèmes. Or Swissair en était un.

Parce que les petites compagnies aériennes, à l'ère de la dérégulation, sont vouées à disparaître, Swissair dut devenir grande. Elle se paya des entreprises qui battaient de l'aile ; elle en fit trop, l'establishment zurichois se ridiculisa, et singulièrement la corporation des banquiers.

Cependant, nous ne dirons mot ici de la Bahnhofstrasse. On peut rêver d'écrire au moins UNE FOIS sur la Suisse sans parler des banques. Il y a des choses plus intelligentes que les banques, des choses plus secrètes qu'un secret bancaire voué à la disparition. La Confédération agit plus sévèrement que ses voisins contre le blanchiment d'argent, si bien que l'argent discret évite de plus en plus notre pays ; il passe plus volontiers en Autriche, où le client peut ouvrir un compte sans montrer patte blanche, ce qui dans le paradis bancaire suisse serait un péché mortel.

Mon Dieu, comme cela fait du bien d'épargner la Suisse, et, une fois n'est pas coutume, de ne pas la critiquer ! Ce pays autrefois trop content de lui est devenu depuis quelques années éperdu d'autocritique. Est-ce qu'on imagine l'Allemagne avoir l'idée d'annoncer, au fronton du pavillon allemand d'une exposition universelle : « L'Allemagne n'existe pas » ? Eh bien, c'est ce qu'a fait la Confédération à Séville : « La Suisse n'existe pas. » La formule déchaîna de grosses colères.

Mais elle était visionnaire, puisque Swissair n'existe plus, que le secret bancaire n'existe bientôt plus, que l'héroïsme des

Suisses durant la guerre mondiale n'existe plus, que le Sonderfall n'existe plus. Tout devient banal ? Pas du tout, rien n'est jamais ennuyeux chez nous – car la Suisse est un pays de radicalité : c'est sa plus grande qualité, et la mieux dissimulée.

Ce n'est pas seulement dans sa compréhension de la démocratie que la Confédération va plus loin que les autres. Du dadaïsme qui prit son essor à Zurich jusqu'au mouvement des «autonomes», plus violent que partout ailleurs (Berlin mis à part), de Jean Tinguely et de ses machines artistiques jusqu'à Pipilotti Rist et son art électronique, du marché libre de la drogue jusqu'au libéralisme économique de la *Neue Zürcher Zeitung*, de Le Corbusier jusqu'à Herzog & de Meuron en passant par Mario Botta, de Blaise Cendrars (le modèle littéraire d'Henry Miller) jusqu'à Friedrich Glauser, le junkie du roman policier, de Robert Walser et son commis jusqu'à Hermann Burger et son amour-haine pour la Suisse, de Dürrenmatt à Frisch, du patriote ostra-cisé Niklaus Meienberg (que sa patrie dédaigna et sous-estima même après sa mort), jusqu'au patriote vilipendé Adolf Muschg, qui reste ferme et souriant, de Jean-Luc Godard jusqu'à Dieter Meier du groupe Yello, un père fondateur de la musique techno, de l'hôtelier Ritz jusqu'à Piccard et son tour du monde en ballon, du commissaire d'exposition Harad Szeemann jusqu'aux Mummenschanz, de Grock à Emil, de Luc Bondy à Christophe Marthaler, tous furent et demeurent, d'une manière ou d'une autre, d'une absolue radicalité.

Il y a des masses de gens qui travaillent dans leur coin, souvent sans tambour ni trompette, mais qui sont, dans leur coin, des extrémistes. Beaucoup d'entre eux, l'on ne sait pas qu'ils sont Suisses, parce qu'ils quittent volontiers leur pays, comme Godard. Dans leurs vieux jours, certains reviennent, ils sentent violemment l'écurie.

Le sens de l'ordre – ce vernis que voient les étrangers – ne cache rien de moins que la radicalité. Les Suisses ont le souci de l'ordre parce qu'ils savent à quelle vitesse chez eux un conflit peut dégénérer, dès lors qu'il éclate. L'ordre est un corset. La chair, le sang et d'autres humeurs sont ainsi contenus : la vie, l'anarchie, la passion, l'amok. C'est le plus beau des radicalismes, que l'on puisse entrer dans le Parlement sans contrôle, même si cela devient le pire des radicalismes lorsqu'un individu, sans être arrêté, pénètre dans le parlement zougois et fait un bain de sang.

Les citoyens, en somme, ne veulent d'aucun gouvernement. N'est-ce pas anarchiste? Celui qui fait son service militaire rentre à la maison, l'arme au bras, le week-end et à la fin du cours. N'est-ce pas extrémiste? A Zurich le trafic privé est circonscrit afin de laisser le passage au trafic public. N'est-ce pas d'une belle intransigeance? Les Suisses sont tellement dénués de scrupule dans leurs aspirations qu'ils doivent garder la mesure dans leurs actes. Et du coup, ils se transforment en extrémistes de la mesure.

Ils le savent de reste : si le destin commence à frapper, il n'arrête plus. Ainsi, en automne 2001 – au parlement de Zoug, dans le tunnel du Gothard, dans l'approche de l'aéroport de Zurich-Kloten où pour la deuxième fois un avion s'est écrasé, et à Kloten même, où Swissair n'est plus. Placé à la fois au milieu et à la marge de l'Europe, le pays des montagnes a deux réflexes, selon l'historien Jean-François Bergier : les Alpes peuvent être un refuge, où l'on préfère se retirer loin des tumultes du monde ; elles sont aussi un lieu de transit, donc de commerce et d'ouverture au monde.

Les deux choses sont vraies en Suisse, et même en chacun des Suisses. D'où une tension secrète. D'où, peut-être, cette radicalité. Car les Suisses restent ces agitateurs qu'ils furent dans leur histoire, ces gaillards qui voulaient voir le dos des Habsbourg, pas tellement à cause de Guillaume Tell et de la liberté, ou parce qu'ils ne voulaient pas ôter leur chapeau devant Gessler, mais parce qu'ils se demandaient pourquoi des montagnards pauvres comme des rats devaient reverser à ces seigneurs les péages qu'ils encaissaient dans leurs défilés.

Les Suisses se sont toujours démarqués du « grand canton », comme on appelle encore aujourd'hui l'Allemagne. De Luther, ils ne purent rien tirer ; ils durent extraire, du Toggenbourg et de la France, leurs propres réformateurs ; le petit Zwingli à Zurich, le grand Calvin à Genève. Et en 1648, à la paix de Westphalie, ils saisirent l'occasion de se séparer formellement de l'Empire.

Nous en sommes là : les choses ici marchent autrement, souvent mieux, beaucoup plus vite, parfois avec une lenteur infinie, toujours d'une manière spéciale. On est comme des enfants qui ne veulent rien entendre. Comme des paysans qui vont leur chemin. Comme des mercenaires qui ne s'en laissent pas conter – les derniers hallebardiers sont au service du Saint Père. Ou comme cette machine à détruire l'argent, de l'artiste Max Dean, qui durant l'Expo 02, a broyé durant cinq mois des billets de banque pour une valeur de trente millions de francs, grâce au sponsoring de la Banque nationale et sous le thème général « Pouvoir et liberté ».

Les Suisses ne sont pas ce qu'on en voit. Elle n'existe pas, la Suisse que le voyageur aperçoit en passant. La mienne, si.

9

MON ALLEMAGNE

Jean Ziegler

Le brouillard s'étendait sur la vallée de la Marne. Tout autour du petit village de Valmy, les champs étaient trempés de pluie. Un soleil rouge montait lentement dans le ciel. C'était le 20 septembre 1792. La lumière du matin faisait briller les canons, les baïonnettes et les fusils de l'immense armée des princes européens coalisés. Les monarques et les nobles, les exilés français et leurs troupes étaient en marche vers Paris. Peu auparavant, les révolutionnaires y avaient décapité le dernier roi Bourbon, ainsi que son épouse, la fille de l'empereur d'Autriche.

Le commandement suprême des armées européennes était exercé par le vieux duc de Braunschweig. Des feld-maréchaux prussiens et autrichiens commandaient l'avant-garde et l'arrière-garde. Ils étaient tous fermement décidés à mettre un terme définitif à la rébellion de la repoussante populace parisienne.

Sur les collines, dans les vallées latérales, les «va-nu-pieds» attendaient. Les soldats de l'An II, en haillons, mal armés, souvent très jeunes. Deux généraux célèbres qui avaient auparavant servi le roi, mais avaient cependant rallié la Révolution sous l'influence de Mirabeau, commandaient les troupes françaises: Dumouriez et Kellermann.

Ce fut le tonnerre des canons, le feu de dizaines de milliers de fusils. Jailli de dizaines de milliers de gorges, le cri: «Vive la nation!». Des milliers d'hommes tombèrent, mais les soldats survivants de la Révolution taillèrent en pièces l'armée des princes.

Johann Wolfgang Goethe, ministre de Weimar, se trouvait auprès du camp du duc de Braunschweig. Il avait 43 ans. Il était fiévreux. Son serviteur l'avait porté, franchissant les flaques des chemins détrempés, jusqu'à la tente du feld-maréchal. Goethe n'en avait pas moins la conscience en éveil. Dans son carnet de notes, il écrivit ce soir-là : «Ici, aujourd'hui, commence une nouvelle époque de l'histoire du monde, et vous pourrez dire : j'y étais.»

Beaucoup plus tard, il ne cesse, dans ses entretiens avec son secrétaire Eckermann, de revenir sur les événements de Valmy, disant notamment : «Les soldats français auraient tout aussi bien pu crier : "Longue vie à toutes les nations !"… car tel est le sens le plus profond de leur cri.»

*

La victoire des va-nu-pieds français, des soldats révolutionnaires et loqueteux de l'an II, marque l'heure de naissance de la nation.

Au contraire de Goethe, Emmanuel Kant n'est jamais sorti de son petit monde, de son cercle étroit. Néanmoins, il fut un témoin extrêmement lucide de son époque. Lorsque la nouvelle de la défaite de l'armée féodale coalisée parvint à Königsberg, il eut ce commentaire : Nous vivons «le point de rupture du temps».

*

Où s'enracine ma fascination pour l'Allemagne ? Pourquoi cette sympathie pour une culture, des formes d'existence que je connais moins bien que beaucoup d'autres cultures en Europe et en Afrique ? D'où vient que j'ai de nombreuses amitiés personnelles avec des Allemands ? Je suis certes né à Thoune, dans l'Oberland bernois. Ma langue maternelle est un dialecte alémanique, ma première langue écrite fut le haut-allemand. Mais depuis plus de quarante ans je vis dans des régions francophones, j'écris et je parle exclusivement le français. Ma langue intime est le français – parce que c'est la langue de ma femme, de mon fils et des personnes qui me sont le plus proches. Désormais, je pense et même je rêve avec des concepts et des images françaises. Et pourtant : si je me rends en Allemagne – ce qui arrive beaucoup trop rarement – je me sens immédiatement chez moi. Pourquoi cette affinité énigmatique ?

Ma fascination pour l'Allemagne a beaucoup à faire avec l'histoire allemande. Plus exactement avec le fait que l'Allemagne s'est toujours refusée à former une nation. L'Allemagne ne connaît aucun code linguistique oppressif, aucune oppression violente des minorités culturelles, aucun ancêtre mythique – «nos ancêtres les Gaulois» – aucune bureaucratie qui entrave les manières marginales de vivre.

Marc Bloch écrit dans *L'étrange défaite* : «Il est deux catégories de Français qui ne comprendront jamais l'histoire de France, ceux qui refusent de vibrer au souvenir du sacre de Reims ; ceux qui lisent sans émotion le récit de la fête de la Fédération. Peu importe l'orientation présente de leurs préférences. Leur imperméabilité aux plus beaux jaillissements de l'enthousiasme collectif suffit à les condamner.» Marc Bloch est le fondateur de l'école des «Annales», de loin la plus influente des écoles historiques françaises. Quand il parle du «souvenir du sacre de Reims», il fait allusion au baptême chrétien du roi des Francs Clovis (496), qui a mis à mal la force d'occupation romaine et posé la première pierre de l'identité collective française. Quant à la «fête de la Fédération», c'est la grande fraternisation qui eut lieu sur le Champ de Mars, à Paris, le 14 juillet 1790, où la Révolution pour la première fois célébra les rites nationaux et proclama l'abolition de tous les rites religieux traditionnels.

Peut-on s'imaginer un historien allemand important qui exhume du passé historique de son pays deux événements clés, et maudit tout concitoyen qui n'éprouve pas, à leur évocation, une sainte émotion ? Non, on ne le peut pas. D'abord parce que le passé allemand, incroyablement complexe, ne fournit pas d'événements clés aussi univoques. Et secondement, parce que l'historiographie allemande s'est toujours distinguée par une extrême multipolarité, loin de tout dogmatisme stérile.

*

119

L'idée nationale a été apportée en Allemagne par les armées napoléoniennes. En 1815, la restauration des monarques, princes et comtes a repoussé cette idée à l'arrière-plan. Elle a cependant instauré un état de guérilla chez les intellectuels. Puis ce fut le soulèvement de 1848, allumé par la passion républicaine et nationale. Soulèvement réprimé dans le sang.

C'est finalement une caste réactionnaire de junkers et de militaristes prussiens qui réalisa l'unité de l'Etat. Leur chef, Otto von Bismark, après une campagne victorieuse à l'ouest, la proclama par une grande mise en scène dans la salle des miroirs du château royal de Versailles.

L'Etat unitaire est un grand mot : même le Reich wilhelmien – et pas seulement la République fédérale – était en réalité une fédération d'Etats, de communautés, de villes, qui toutes ensemble – chacune et chacun – avaient conservé leur identité collective, le plus souvent très caractérisée, très riche et très variée. C'est pourquoi je me sens si bien en Allemagne. Quand je me rends à Stuttgart, je me rends au Wurtemberg.

Les Souabes sont un peuple en soi. Des années-lumière les séparent des Prussiens. Dans la métropole mondiale qu'est Berlin, on rencontre à chaque pas l'héritage prussien, extrêmement vivant. Les villes et les terres rhénanes sont également des communautés tout à fait singulières. Si je me promène à Dresde, sur le quai de l'Elbe, dans les jardins du château, je suis en Saxe. Et si je vais à Lörrach, je ne passe pas la frontière pour me rendre en Allemagne, mais au pays de Bade.

L'incroyable diversité culturelle, historique et vivante, des länder allemands, crée un espace où respirer, elle charme l'esprit, elle éveille une curiosité inlassable, elle enseigne, et transmet un irrépressible sentiment de liberté. J'ai par chance beaucoup d'amis et de connaissances dans les différents pays d'Europe, mais parmi eux, les seuls cosmopolites sont les Allemands.

*

Le fait que l'Allemagne ne soit pas une nation dogmatique – mais précisément cette mosaïque culturelle infiniment complexe, sur la base d'une langue et d'une civilisation communes – n'exclut pas le patriotisme. Je me souviens avec précision de ce sombre jour de novembre 1989. Le conseil exécutif de l'Internationale socialiste siégeait à l'hôtel Intercontinental, au Grand-Saconnex, près de Genève. Willy Brandt le présidait courageusement. Mais toutes ses pensées étaient avec les habitants de Leipzig, qui manifestaient au risque de leur vie. Egon Bahr, Wischnewski, Horst Ehmke, Klaus Lindenberg, Hans Koschnick étaient pâles, à moitié morts d'épuisement. Pendant des jours et des nuits, ils ne fermèrent pour ainsi dire pas l'œil. Ils étaient suspendus au téléphone, ils rédigeaient des messages, ils attendaient, tourmentés par l'angoisse, les nouvelles des villes de la RDA.

«Nous sommes le peuple», scandaient là-bas les manifestants, par centaines de milliers. Mais le long des rues se tenait la *Volkspolizei*; les agents de la Stasi prenaient des photos, les blindés menaçaient, et les mitrailleuses, et les chiens policiers. Chaque seconde pouvait déclencher le massacre.

Les sociaux-démocrates allemands, dans l'hôtel de la conférence genevoise, suivaient avec une panique visible les événements qui se déroulaient à l'est de leur pays. Cette panique était la conséquence de leur amour profond pour leurs concitoyens de la RDA.

La réunification: elle m'apporta beaucoup de désagréments à Paris. Des lecteurs allemands peuvent à peine s'imaginer de quelle manière coincée, décontenancée, marquée par l'incompréhension, de très grands intellectuels français réagissaient à cet événement. Willy Brandt avait eu cette phrase: «Ce qui forme un ensemble peut maintenant grandir ensemble.» Cette évidence, dans le Paris de François Mitterrand, ne fut comprise de presque personne. Régis Debray et Max Gallo, deux de mes amis les plus proches, accueillirent avec une froide colère ma défense de la réunification des deux Etats allemands. «Toi, homme de gauche, tu trouves bonne la résurrection du monstre? N'as-tu jamais lu un livre d'histoire? Un Etat allemand unifié signifie le chauvinisme, l'agressivité, le danger d'une nouvelle hégémonie en Europe.»

En un mot: entre la France et l'Allemagne, le fossé culturel demeure abyssal. Cela m'inquiète. D'autant plus que même une Union européenne élargie à vingt-cinq Etats membres ne peut

prospérer que sur le fondement d'une solide amitié franco-alle-
mande.

*

Jürg Altwegg, coéditeur de ce livre, m'a fait cette injonction
au téléphone : « Au nom du ciel, pas d'essai sociologique !
Laisse parler ta subjectivité ».

J'ai obéi à l'injonction… et je me vois maintenant confronté
au reproche de naïveté.

J'ai essayé de fonder ma fascination intellectuelle, ma
sympathie pour l'Allemagne. Maintenant, les lecteurs vont sûre-
ment se lever pour dire : sur quelle planète vit ce Ziegler ? N'a-t-
il jamais entendu parler d'Adolf Hitler, de la Seconde Guerre
mondiale et du Troisième Reich ?

Pour en venir tout de suite aux conclusions : je ne partage en
rien les théories de François Furet, Le Roy Ladurie et leurs amis,
qui voient dans la montée du national-socialisme une étape
logique du développement du processus de socialisation allemand, fondé dans l'histoire et la philosophie de l'Etat.
J'approuve en revanche l'explication de Max Horkheimer, qui
parle d'un « obscurcissement de la raison ». Ce qui s'est vraiment passé en 1933, c'est l'irruption complètement incompréhensible et imprévisible de l'irrationalité dans la civilisation.

Cette tragédie peut arriver à n'importe quel peuple à n'importe quel moment. Les terribles crimes d'Adolf Hitler et de ses
séides meurtriers échappent en dernier ressort à l'analyse scientifique. Ils sont si horribles qu'aucun concept historique ou
sociologique ne peut les saisir entièrement. La raison analytique
est impuissante ici.

*

Un souvenir de ma petite enfance se rapporte à cette sombre
époque.

Bien au-dessus du lac de Thoune se trouve un petit village
d'éleveurs et de laboureurs, fait de chalets noircis de fumée, le

plus souvent magnifiques. Au cours de son existence agitée, Ricarda Huch avait fait de ce village, Aeschi, sa seconde patrie. Mon père, ma mère et beaucoup de leurs amis nourrissaient une grande admiration pour Ricarda Huch. Bien des années plus tard, je devins à mon tour un lecteur passionné de ses ouvrages.

Pour Ricarda Huch, l'apparition de la peste brune et son extension à toutes les villes, tous les villages et toutes les régions d'Allemagne fut d'abord quelque chose de totalement incompréhensible. A Iéna, Goebbels fit publiquement brûler ses livres. Ricarda Huch partit pour l'exil, à Aeschi. Là-bas, nous lui rendions souvent visite. Depuis 1933, les intellectuels de la Suisse alémanique, ceux qui appartenaient à la génération de mon père ou de mon grand-père qui était médecin de campagne à Steffisburg, furent profondément désorientés, et même désespérés. Ils étaient issus de la culture allemande, ils pensaient allemand et ils étaient imprégnés par la philosophie des Lumières allemandes. Mon grand-père avait étudié à Leipzig, et mon père à Dresde.

Dans ces temps d'infortune, Ricarda Huch apparut comme une bénédiction du ciel, la messagère d'une Allemagne aimée, quoique disparue. Sa présence et son œuvre illuminaient notre obscurité, qui soudain se levait sur un paysage familier. Pour mon père et ses amis, cette émigrée incarnait l'espoir vivant, la grandeur invaincue de la culture allemande.

Les œuvres de Ricarda faisaient l'ornement de la bibliothèque de mon père, sa photo resplendissait au-dessus de son bureau. Mes parents, ses amis, les voisins, et même les paysans d'Aeschi vouaient à cette messagère une grande vénération. Tous écoutaient avec recueillement quand le dimanche après-midi, de sa voix douce et hésitante, elle commentait les nouvelles de la radio, traitait une question littéraire, faisait revivre une figure de l'histoire européenne ou parlait tout simplement du beau ou du mauvais temps.

A sa mort, au matin du 17 novembre 1947, rien ne parut changer. Ses livres étaient là où ils avaient toujours été. Vivants, parlants, comme immortels. Mon père les prit en main, les ouvrit. Comme auparavant. Avec délicatesse et respect. Avec une calme passion.

*

La patrie n'est pas un concept généalogique, géographique ou biologique. La patrie est un acte de liberté. Chacun choisit la patrie qu'il veut. Les affinités électives constituent chacun de nous. Beaucoup de paysages allemands, d'œuvres philosophiques, d'amitiés et de poèmes allemands font partie intégrante de ma patrie. J'en éprouve une profonde reconnaissance.

LES AUTEURS

Jürg Altwegg est né en 1951 à Zurich. Après des études en lettres allemandes et françaises, il a collaboré comme chroniqueur culturel à plusieurs journaux de son pays, notamment comme observateur attentif de la scène littéraire romande. En Allemagne, il a écrit dans *Die Zeit* et depuis 1986 il est correspondant de la *Frankfurter Allgemeine Zeitung*, rapportant sur la vie intellectuelle et politique de France et de Suisse. Il vit près de Genève. Entre autres livres, il a publié dans la présente collection *Une Suisse en crise – De Ziegler à Blocher*.

Roger de Weck, né en 1953 à Fribourg (Suisse), a tracé sa brillante carrière journalistique dans son pays, à Berlin, à la tête du *Tagesanzeiger* à Zurich, puis à Hambourg comme rédacteur en chef de l'hebdomadaire *Die Zeit*. Parfaitement bilingue, il fait paraître aujourd'hui ses chroniques et il commente l'actualité en Allemagne, en Suisse, ainsi qu'en France où il s'exprime parfois avec aisance comme « représentant de la presse allemande ». Son texte en ce livre a été écrit en allemand.

Markus Kutter, né en 1925 à Beggingen dans le canton de Schaffhouse, a étudié à Bâle, Paris et Genève. Auteur de nombreuses publications, fondateur et partenaire de l'agence de publicité GGK, il s'est fait largement connaître en lançant en 1955, avec Max Frisch et Lucius Burckhardt, le manifeste *Achtung die Schweiz*.

Peter Bichsel, né en 1935 à Lucerne, a grandi à Olten. Enseignant d'école primaire, il est devenu dans les années 1960, avec les petites histoires du *Laitier,* l'un des écrivains suisses allemands les plus lus au sud et au nord du Rhin. Maître du récit, essayiste, écrivain en résidence aux Etats-Unis, inspirateur officiel du conseiller fédéral Willy Ritschard, il vit à Soleure. Publication récente : *Wo wir wohnen*, nouvelles.

Adolf Muschg, né en 1934 à Zollikon, a été professeur de littérature à l'Ecole polytechnique fédérale de Zurich. Premier directeur du Collegium Helveticum en 1997. Jusqu'à 2005, il fut président de la prestigieuse Akademie der Künste à Berlin. Ses romans, ses récits et son théâtre ont fait de lui l'une des figures de proue des lettres helvétiques contemporaines. Publication récente : *Gehen kann ich allein, und andere Liebesgeschichten* (2005).

Hugo Loetscher, né en 1929 à Zurich, a étudié en cette ville et à Paris les sciences politiques, la sociologie et la littérature. Rédacteur à la revue *Du* et à la *Weltwoche,* toujours attaché à sa ville natale mais grand voyageur, en particulier au Brésil, il s'est fait connaître comme romancier des réalités contemporaines, incisif, fin et parodique, dès *Les Egouts*, en 1963. On lui doit en 2003 des essais sur la littérature suisse : *Lesen statt klettern.*

Hansmartin Schmid, né en 1939 à Coire, a étudié l'histoire à Zurich et à Paris, et il a été le correspondant de plusieurs journaux et de la radio-télévision suisses, à Bonn, à Bruxelles, pour l'émission *Tagesschau* à Paris. Il poursuit sa carrière en journaliste libre.

Bruno Schoch, né en 1947 à Zurich, a étudié la philosophie et l'histoire à Bâle, puis à Francfort où il collabore depuis 1978, comme chercheur et auteur, à un centre d'études sur la paix et les conflits, la Hessische Stiftung Friedens- und Konfliktforschung.

Jean Ziegler, né en 1934 à Berne, n'a pas besoin d'être présenté au public de langue française, professeur de sociologie à l'Université de Genève et à la Sorbonne, auteur de livres controversés sur le rôle international de la Suisse, conseiller spécial de l'ONU préoccupé par le sort des pays opprimés et sous-alimentés. Il est devenu l'un des intellectuels les plus médiatiques de Suisse romande, mais le texte paraissant en ce livre est traduit de l'allemand.

COLLECTION LE SAVOIR SUISSE

Titres parus